每天学点投资学

Meitian Xuedian Touzixue

才永发◎编著

中国三峡出版社

图书在版编目(CIP)数据

每天学点投资学 / 才永发编著. -- 北京:中国三峡出版社,2013.2

ISBN 978-7-80223-857-2

Ⅰ. ①每… Ⅱ. ①才… Ⅲ. ①私人投资-基本知识 Ⅳ. ①F830.59

中国版本图书馆 CIP 数据核字(2013)第 029879 号

中国三峡出版社出版发行

(北京市西城区西廊下胡同 51 号 100034)

电话:(010)66112758 66116828

http://www.zgsxcbs.cn

E-mail:sanxiaz@sina.com

北京集惠印刷有限责任公司印刷 新华书店经销

2013 年 4 月第 1 版 2013 年 4 月第 1 次印刷

开本:787×1092 毫米 1/16 印张:16.5 字数:198 千字

ISBN 978-7-80223-857-2 定价:29.80 元

前 言

每个想赚大钱的人都会先想到投资，而对于投资，又有多少人能做到游刃有余呢！对于一些门外汉来说，更是对投资可望而不可及，首先是没有具体的现实操作的投资途径，其次是对于投资有种惧怕，认为那是有钱人做的事，没钱又没这方面知识的人，想做谈何容易。然而，事实上财富少的人依然可以做投资，只要你愿意，只要你肯花时间把功课做到家，掌握了投资这门学问，你一样可以成为富人。

投资风险不可小视，每个人都应当找到适合自己的投资种类，作好计划，确定自己能够承担的风险后再进行投资。投资的目的是为了使自己的财产获得增值，满足各种需求，从而拥有一个幸福的人生！所以，一定要把握好投资的心理，让自己从容应对，不可把自己陷入绝境，学好投资知识，才能慢慢做到屈伸有度。

知识改变命运，信念成就未来。本书以实用性和指导性为原则，并结合翔实的投资案例，系统而全面地讲述了与普通老百姓密切相关的投资学知识，为学习如何成功投资提供了切实可行的帮助。同时，书中详细介绍了最常用的投资品种，涵盖了我们生活中最主要的投资方向，如储蓄、股票、基金、外汇、债券、保险等，还讲述了应如何规避风险，如何让投资进行得更理性、更安全。而且，每节后面都有“投资问答录”，颇具点睛之意，对读者具有极大的帮助和警醒作用。

希望本书能成为读者打开财富大门的一把钥匙，成就真正的财富人生！

目　录

第一章
投资理财前要做足功课

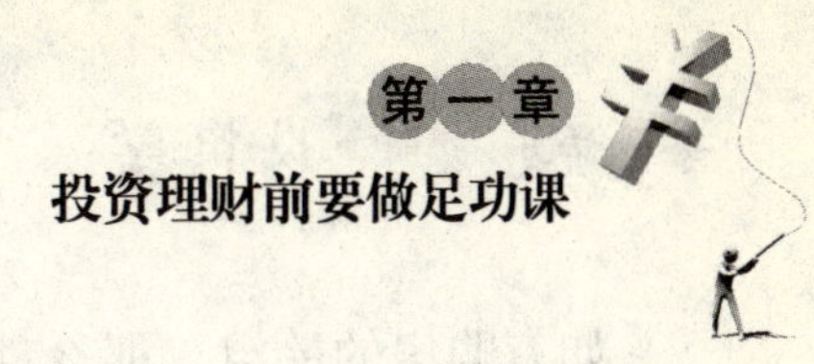

投资的真正含义是什么

投资对于大家来说并不陌生，但是对投资的理解可能会有所偏差。一直以来，总觉得投资是有钱人的事与普通人无关，事实并不是这样，平常人更需要有投资意识，树立正确的投资观、价值观。客观地说，投资就是将资源、资金整合，在此基础上使之获得更大的收益。诸如母猪生小猪，母鸡下蛋。相比较之下，投资的目的性更加明确，需要考虑的外部因素更多。

首先从意识上认知，投资是每一个人都可以做的，无论是长期投资，还是短期投资。不要觉得投资这个话题离自己很远，忽视可以利用的资源、资金，所以，必须认清投资的含义，从根本上重视投资意识的培养。

现在一些年轻人对自己的生活理想和目标没有一个很好的认知，总觉得自己可以一夜暴富，把希望寄托在中大奖一类的小概率事件上，这种超出现实意义的想法非常不切合实际。身价过亿的富豪，他们可以支配的资金数量非常惊人，即使是金融危机这种风险他们也可以平安度过，但是在现实社会中，大多数人都是普通人，应对风险的能力较差，因此，有合理的理财计划，对将来应对风险是很有必要的。

一般来说，投资计划越完善，具体操作时的效率就会越高。例如有购房的欲望，那么就可以事先准备一定的购房款，等到遇上了合适的房子，就无须为资金发愁了。同样，像进修、养育子女、赡养老人、安度晚年等，有这些问题存在，也要采取必要的行动，作好经济上的准备。相反，对于那些没有明确生活目标的人来说，在运用自己的金融资产时，同样没有一个明确的目的，无疑会影响到资产运用的效率。可以说，投资的目标设计越明确，获利的可能性就越大。

我们在设定投资计划时，还要考虑该目标是否符合自身的条件。预定的计划目标必须是在自己能力范围内的，如果计划的目标大大地超出自己的能力范围，那就没有什么实际意义了。

案例分析

张欣在市里一家效益不错的企业上班，每个月的收入是4000元，奖金和各项补助是1700元。在日常支出方面，房屋租金是主要支出，每月需要1000元，饮食支出800元，通讯话费支出300元，其他支出200元。张欣有活期存款12万元，定期存款2万元。没有其他的项目支出，抗风险能力中等。

张欣希望能把多余资金做一个投资规划，尽快拥有一套自己的住房，从而结束租房的生活，等到条件允许，在无债务的前提下购置一辆车。

我们根据张欣的收入情况为他设计了具体的方案：

张欣的投资理财目标比较清晰，经过分析得知，张欣在企业工作，收入比较稳定，变化幅度不大。但是他的工作性质决定了他在平时没有过多的精力可以投入到投资中，因此，张欣的投资计划不应过于单一，投资工具应主要以中短期的债券、基金为主。

具体来说，张欣可将存款分为三步进行管理。首先，从活期存款中取出3万元购买债券基金。其次，根据张欣每个月有将近2500元的资金结余，以该市目前的房屋均价5500元/平方米来计算，由于是独居，可以先购买一套面积较小的单元房，面积在50平方米~60平方米比较适宜，房价控制在30万元上下。建议从剩余的活期存款中取出6万元~8万元作为房屋的首付款，剩下的向银行做15年的抵押贷款，月供1750元左右。剩余的资金建议添置一些家电，给房屋做简装修。最后，说到买车的问题，由于张欣资金有限，应该以住房为主，在无房贷的情况下再考虑。虽说张欣申请贷款供车也不是不可能，但是这样一来，每个月的流动资金就非常有限了，如果遇到突发事件，就显得力不从心。建议张欣把买车的计划暂时搁置，等到有能力应对的时候再进行购置。

投资问答录

问：请问，投资与理财有区别吗？

答：现在很多投资者一提起理财，就认为是交易股票、基金、贵金属、期货等投资行为。其实，投资与理财并不一样，理财之中包括投资，但不光是投资。理财应该分为保值和增值两个部分，增值以资产有所增长为目的，保值以防止资产流失为目的。而投资就是我们所说的增值。理财更多的是对人生、养老、投资、风险管理、遗产等一系列问题的整体规划。如何有效地利用每一分钱，如何抓住每一个投资机会，是理财的目的所在。而投资的目的是使资金增长以获得较高的收益。

投资理财应该走出误区

在国外超前消费的观念引导下，很多人对投资理财的认识产生了偏差，许多年轻人对自己未来规划的时候，没有合理的预期，他们将要做的就是要走出误区，认真面对理财。

钱少没法理

有很多人认为，投资理财是有钱人做的事，如果真有这种想法，那是非常错误的。100 万元有 100 万元的投资方式，1000 元也有 1000 元的理财方法。当今社会上，有钱人还是少数，占大多数的还是老百姓。有钱人可以通过投资把钱变得越来越多，普通工薪阶层同样可以通过理财让钱积少成多。

“钱少没法理”永远只是不想理财的一个借口，其实每月仅从你的工资里拿出 10% 的钱，在银行开立一个储蓄账户，10 年后本金加上利息的数目也是非常可观的。

理财不分早晚、年龄的大小和资产的多少，只需要你有理财的目标，合理地进行理财，就能事半功倍，就可以增加自己的收益。

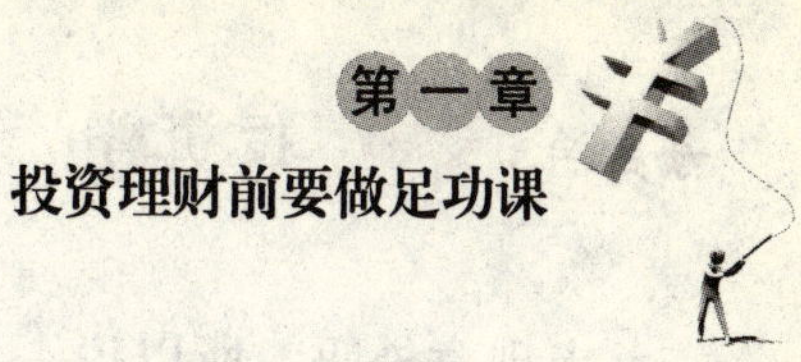

理财没用

有些人认为，尽管自己没有专门理财，但也不是“月光族”，每月都会剩一些钱，因此不需要理财。还有些人认为，自己的工资太低，只能自己花，父母会帮自己，因此也不需要理财。

案例分析

李强今年30岁，在某公司做销售，工作5年，年收入能达到20万元以上。自己买了一辆车作为代步工具，日常开销特别大，从不在家做饭，服装都是名牌，晚上有空就去酒吧消费。李强总觉得，像他这样的情况根本没必要理财。

但是，人有旦夕祸福。一天，家里突然打来电话，李强的母亲得了重病，要做手术，手术费一下子就要十几万元。家里人认为李强的收入这么高，可以承担这些费用，这下李强傻眼了，平常花钱大手大脚，想用钱的时候却没有了。可是没钱母亲的病也得治啊，李强只好向朋友借钱，总算是把钱凑出来了。朋友们都很奇怪，李强收入这么高，都工作5年了，怎么连十几万元都拿不出来，他的钱都到哪去了？李强很惭愧，自从那次意外以后，就开始节约起来，慢慢开始学习理财。

李强的案例告诉我们，无论你是否有钱都不是绝对的，世界上没有永远的穷人，也没有永远的富人。也许10年前你可以称做有钱人，但如果10年后你所拥有的财富没有增加，甚至没有以前多，可能你就快成为穷人了。

对于年轻人来说也是如此，也许你对现在的收入比较满意，但是，风水轮流转，你能保证一切都不会发生改变吗？你能保证不会出现意外吗？所以说一定要认识到理财的重要性，让自己活得无忧无虑。

挣钱比理财强

不少年轻人有这样的想法，觉得自己工作能力强、收入高，理不理财都可以，省钱不如赚钱。似乎这样的生活方式也不错，既可以花钱，也不用费脑筋理财，但是这种看似比较随性的生活方式存在的风险是巨大的，如果风险出现，我们是无法抵御的。

案例分析

今年29岁的王凯在一家房地产公司担任客户经理，业绩非常好，工资加上分红一年可以挣到20万元，业绩一般的时候也有15万元左右的收入，这个收入在同一年龄段的人来讲是非常不错的。随着银行存款一天比一天多，王凯非常高兴，他身边的同事总是在谈论理财，他觉得真是浪费时间，自己的收入比较丰厚，全部存在银行里既安全又放心。

但是，王凯在一次事故中不小心伤了腿，需要手术治疗，而且还要住院好几个月。这次花费很多，手术费、住院费、生活费加起来要十几万元，而王凯所有的存款也不过七八万元而已，由于住院养伤，收入也损失了不少。没有办法，王凯只好去借，好不容易把钱凑齐，算是救了急。

此时的王凯后悔不已，本来花几千元钱买保险就可以解决的问题，但在这次的事故中却花费了他全部的积蓄，还让他负债累累。他吸取了这次教训，开始学习保险及各种理财知识，为自己规划了一个稳定的未来。

王凯的故事并不是个例，这种事情经常在电视和报纸上出现。例如年收入几十万元的白领因为得病而破产，造成了生活的困境。因此，收入很高的年轻朋友还是应该多学一些理财知识和理财技巧。

投资问答录

问：专家您好，我今年刚生了孩子，因为以后家里要花钱的地方很多，所以我认为家财求稳就可以，不用看收益，这种观点对吗？

答：我国大多数的女性理财都趋于安稳，不喜欢风险过大，她们的理财渠道多以银行储蓄为主。这种理财方式虽然相对稳妥，但是在通货膨胀的情况下，银行的钱就会贬值，因此在新的环境下，女性应该转变观念，在求稳的过程中寻求一些新的理财方法，这样可以多增加一些家庭的收入。

计算投资的成本与收益

随着时代的发展，越来越多的人加入到了投资的行列中，纷纷将资金投入到股票或者股票型基金上。因此，大家都想知道自己的投资收益到底能有多少，那如何对自己的投资收益率进行计算呢？

比如说，我们这一年只投资一次，那就非常容易算了。例如年初投资的金额5000元，到年底还剩6000元，那样这一年的投资收益率是20%。计算公式为：投资收益率=（期末资金-期初资金）÷期初资金。但是在现实生活中，我们投资不可能只进行一次，那我们的投资收益率又如何计算呢？例如年初投资20000元，半年后的资产价值是22000元，这个时候又拿出8000进行投资，到年底共有资产35000元。对于这种同等期限的分批投资，我们就可以利用时间加权法来进行计算：把两次投资按照期限分成两部分，分别计算。上半年的投资收益可以这样计算，投资收益率是（22000-20000）÷20000=10%，对下半年的投资来说，投资收益率是［35000-（22000+8000）］÷（22000+8000）=16.7%，那么全年的投资收益率是多少呢？

这里做一下简单的介绍：持有期收益率（HPY），它是指在特定期限内的投资收益率。在上面的例子中，上半年的HPY是10%，下半年的HPY是16.7%，当持有的期限满一年的时候就是全年HPY。全年投资率为X，上半年HPY为W1，下半年的HPY为W2，则公式为：1+X=（1+W1）×（1+W2）。也就是说，这个投资者全年的投资收益率=（1+10%）×（1+16.7%）-1=28.37%。

这个办法适用于等期限的分期投资，例如基金定期定额投资等。假设是一个月投资一次，公式则为：1+X=（1+W1）×（1+W2）×……×（1+W12），我们就不一一列举了。

上面我们讲的是同等期限的分期投资，而在现实的投资活动中一般都是不等分的，投资金额也不一定相等，那又该如何进行计算呢？

先仔细看一下案例：期初投入资金20000元，两个月的资产价值为22000元，又投入了8000元，三个月投资资产的价值为35000元，那在这五个月里的投资收益率是多少呢？

对于这种不是定期的投资，我们可以参照基金份额的计算方法进行计算，具体的办法是：

假设所有的资金都入到一只没有手续费的“模拟基金”里面，而且第一次投资时的基金净值是1元，那假如期初的投资金额为20000元，则获模拟基金的基金份额20000÷1=20000份。

两个月后，基金的资产价值为22000元，则基金净值为22000÷20000=1.1元。这个时候，再投入11000元，所能购买的虚拟基金份额是11000÷1.1=10000份，则共有基金份额20000+10000=30000份。

三个月后，总资产变成45000元，虚拟基金的基金净值是45000÷30000=1.5元。也就是说，当初的1元基金净值经过5个月，变成了1.5元，那么这5个月的持有期收益率为（1.5-1）÷1=50%。

投资问答录

问：专家您好，是不是收益率越高的投资组合风险越大呢？一般投资者的抗风险能力较弱，怎样才能合理控制风险？

答：一般来说是这样的。经济学的一般规律是收益率越高，风险越大。但是，收益率是可以预期的，我们在做投资组合时，不要听信“高收益，低风险”的广告。普通投资者应该选择国债、公司债券、可转换债券等中等收益中等风险的投资组合，这种投资组合比股票投资风险要低，且收益比储蓄高，比较适合普通投资者。

投资新手应避免哪些风险

股市上有一句耳熟能详的话“股市有风险，投资须谨慎”。其实风险不仅仅存在于股市，诸如一些意外事件、战争都是不能忽视的投资风险。现在我们先了解一下投资风险的定义，给投资新手敲响警钟。

投资风险是指对未来投资收益的不确定性，在投资中可能会遭受收益损失甚至本金损失的风险。为获得不确定的预期效益而承担的风险，它是一种经营风险，通常指企业投资的预期收益率的不确定性。只有风险和效益相统一的条件下，投资行为才能得到有效地调节。

由于投资市场上的风险具有不确定性，所以，购买的债券就会因某种原因不能够按时支付利息，金融危机中股票价格会下跌，投资的房产也可能贬值。投资者需要根据自己的投资目标与风险偏好选择适合自己的金融工具。面对市场的风险我们有什么好的办法呢？把投资分散开是有效地科学控制风险的方法之一，也是非常适合大众的控制风险的方法。将投资在可转换债券、股票、房产等不同领域的投资工具之间进行适当的比例分配，一方面可以降低风险，另一方面还可以提高回报。因为分散投资与资产配置要涉及多种投资行业与金融工具，所以专家建议投资新手最好在咨询金融理财师后再进行分散优质投资。不可以把资金全部投入到一个领域，这样做风险是非常大的。在市场上出现的风险主要有以下几种：

财务风险

投资者购入一只股票，假如说这个上市公司的业绩不好，股东获得的红利降低，股票价格出现下跌的情况，这就是财务风险。为了规避这种风险，有些人就将资金存入银行，收取利息减少财务风险。虽然回报减少，但有效避免了这类投资风险。

利率风险

投资债券的时候，它的价格会受银行存款利息影响，当银行存款利息上升，投资者就会将资金存入银行，债券价格就会下跌。这种因利率水平改变而遭受损失的，称为利率风险。一般利率风险对外汇投资影响较大，主要是受两国利率变化而产生。

变现风险

当购入的股票没有按照一个恰当的价格卖出，不能全额地收回资金，就是我们所说的变现风险。比如那些成交额比较低的股票，当出现利好信息的情况下，会让股票的成交额突然大增，一旦消息是虚假的，其成交金额会回到原来的状态，这就让投资者承受了变现风险。投资的目标就是在有资金需求的情况下能够及时收回投资，这样的股票变现功能是最强的。如果某股以 10 元价格买入，在 6 元的价格下才能迅速售出，这就说明该股票不是一只优良的股票。

市场风险

市场上的价格波动是随时存在的，也是价值规律的一个体现形式。市场上价格的波动，受个人的心理因素影响，受经济发展因素影响，受国家政治因素影响，甚至有可能同时受以上三种风险共同影响。例如购买了基金，而基金的操作不佳，使收益少于预期，这就是所谓的市场风险。市场风险具有多种不确定性。

事件风险

从理性的角度来说，事件风险的爆发与经济发展的关系不大，但一些事件发生以后，就会对某类企业产生影响。这种事件风险的发生具有不确定性。例如“9·11 事件”就造成美国股市的股票价格持续低迷，经济发展滞缓，投资者情绪下降。事件风险可能来自多方面，通常难以预料。

购买力风险

购买力风险是所持有货币与实际的购买力有偏差。所持有货币能购买商品数量越多，说明购买力比较强；如果购买的数量降低，说明购买力减弱。资本社会及经济繁荣的社会通货膨胀显著，用钱购买商品的数量及业务量都会渐渐减少，人们将现金存入银行收取利息，就是担心物价上升、货币贬值。自从我国加入 WTO 以后，人民币的汇率不断地上升，美元逐步贬值的境况严重，这种购买力的减弱，就称为购买力风险。因为有此种风险，所以人们要投资股票、地产或其他投资品种，以保持手上货币的购买力。在经济运行过热出现通货膨胀时，购买力的风险最能够得以体现。

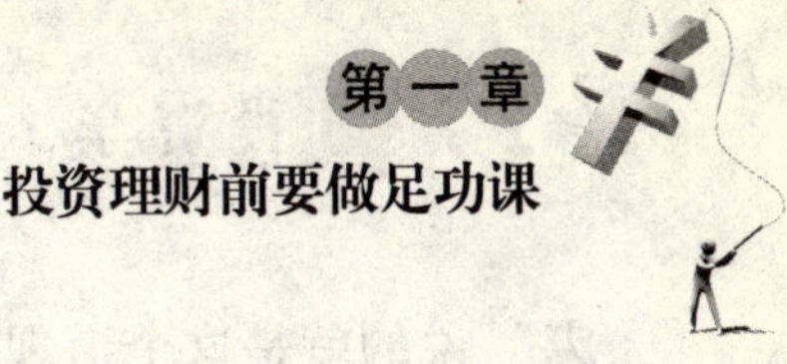

投资问答录：

问：专家您好，我们是工薪阶层，收入不高，承受风险能力差，请问怎样选择投资项目好呢？

答：您好！根据您的情况，建议您的投资以稳健为主，不宜投资风险率过高的产品，同时还要防范外来风险，以减少投资的损失概率。积极做好投资避险准备，尽量不要把资金全部投入一个项目里。多向业内人士学习，避免盲目追求利润。尽量不要触碰自己不熟悉的投资项目，做到心中有数，细心观察，切莫盲目跟风，避免造成适得其反的后果。不要轻信广告，慎重选择投资公司，尽量找信誉度高、实力雄厚的大公司。

在我国进行投资，要特别注意经济政策导向的变化，把握住经济发展的大局，搭上时代发展的快车才能一路畅通。做好防范风险准备工作，避免投资失败后倾家荡产，负债累累。风险无处不在，要避免无效投资和投资浪费。

个人投资者易出现的几种错误

第一种是没有制定投资规划。从想法萌生起，每个投资者就应该有一个投资规划，作为未来进行投资的指导方向。“凡事不预则废”说的就是这个道理，有了规划才能按部就班，逐步进行，避免盲目投资。

第二种是不会进行投资产品的组合，单一投资一种产品。单一产品的投入风险性比投资组合的产品风险性要高，投资者应该学会利用资产投资组合产品进行风险控制，如果没有多样化的投资，一旦单一投资产品有波动，投资个体的抗波动能力是极其脆弱的。可以按照一定的比例，如投入债券一部分、股票一部分、基金一部分、保险一部分，以分散风险，提高抗风险能力。

第三种是只看股票价格而不关心公司业绩。投资不是参与赌博，投资的风险应该在自己可控范围内，把资金投向具有长期发展潜力的公司，应把握、分析公司所处行业、周期、前景等多个方面因素，而不是只关注股票价格的变化。某著名投资公司总裁曾说过：“纯粹根据市场表现或者对一个公司产品或服务的个人喜好而购买某种股票，注定是一种亏本的办法。”此外，公司的高层领导也是选择投资的一个因素，以确信其能够保证基本的公司管理，这将有助于投资者避免日后的麻烦。投资者应做到有效观察，认真调查，以免得不偿失。

第四种是购置高价股票。投资的基本原则是低价买进，高价卖出，而投资者为何喜欢追求高价股票呢？有关专家指出，其主要原因是过高看重公司业绩。太多的投资者投资那些在去年或者过去几年中表现不俗的某类或某种股票，认为这些股票在过去的时间里表现不错，因而在未来也会表现很好。这种观点是绝对错误的。有很多企业受到周期影响严重，如果投资者在周期低谷买入，必然会受到损失。应该更注重企业前景，而不是单一关注价格。

第五种是按照内幕消息和经济新闻行事。在考虑投资时把媒体新闻作为唯一的投资消息来源，而不寻求与投资顾问的专业联系是投资者最常见的错误。看上去是非常快速的增长方法，但是要注意，你是在和那些专业股票操盘手博弈，而这些操盘老手可以掌握多个研究分析团队。投资老手们利用不同的方式收集信息，并且利用独特的市场运行理论，作出持仓还是减仓的决定。更重要的是，有内部操控者利用制造“假消息”扰乱正常的市场秩序，鱼目混珠，大获其利。投资新手必须对消息来源的准确性仔细研究，不要轻信所谓的内幕消息，慎重跟风。

第六种是缺少对投资的耐心。有的投资者因为不具备长期投资的耐心，就必然会经常变换投资方案，这种情况是由于对过去的投资损失或对股票市场的负增长没有信心的结果。可以确定的是，投资者应当通过不同的投资工具进行投资，寻找适合自己的方式，并且制订一个投资计划定期投入。投资者还应该在固定时间内对资产进行一个评估，以确保投资组合与自己的投资计划一致。古语有云：“知己知彼，百战不殆。”

第七种是不切实际的期望值。有的投资者会在投资过程中计划未来的规划，但是制定的规划往往与事实不相符，也就是说理想与现实的差距过大。正如人们在近期的经济泡沫中所看到的，投资者在投资周期中缺乏耐心，从而导致他们承担额外的风险。投资者应该以长远的眼光看待投资，而不要让外部因素影响你的做法，造成突然大幅度地改变战略，这一点非常重要。不要过高地要求资本迅速翻倍，高回报率下必然是高风险。

投资问答录

问：专家您好，新手投资的错误是不可避免的，我们在进行投资前应该注意哪些问题呢？股票投资的风险如何防范？

答：您好！新手投资必须审慎，因为一开始的投资习惯，直接影响未来投资风格的形成。在进行投资以前，需要做好充足的准备，最好能够有专业的投资者进行指导，提供合理的参考和建议。

股票投资涉及的方面较为广泛，影响价格的因素较多，新手投资股票应该选择上市时间长，信誉级别高，公司实力强，发展前途好的蓝筹股类的发展型上市公司，这种公司的好处在于风险相对较低，能够长期持有。但是，股市受大盘趋势影响较大，具有一定的风险，所以新手投资者应该谨慎入市，不要盲从。至于股票市场风险的防范，没有特别的方法，只能是在实践中慢慢积累。

经济周期与投资策略

大众如何利用经济周期进行避险

经济周期是指经济运行中周期性出现的经济扩张与经济紧缩交替更迭、循环往复的一种现象。

这种现象在宏观经济学中非常重要，而我们学习投资学，对经济周期的了解是非常有必要的。

根据经济周期我们总结了一下：鸡蛋、猪肉和油价格高的时候，不是买入资产性产品（股票、房地产）的时候，鸡蛋、猪肉和油价格便宜的时候，才是买入的最佳时机。最简单的方法也是最有效的方法。

在北美、欧洲等地区，还有关于“美元与石油”的问题。当石油价格偏高时，中东石油出口国中，通过卖石油赚钱的投资者和公司，会把卖石油的收入投资买进稳健的英国、美国上市公司的股票。2009年3月以来，石油价格和美国股市有着同步增长的关系。这里有一个关键的前提，就是石油的价格不能越过110美元~120美元这一欧美经济衰退的临界区间。如果油价超过这个区间，则欧美股市大跌，经济开始下滑，过一段时间，石油价格也会降下来（除战争以外的正常情况下）。

中国经济发展周期，在过去10年中呈现了非常明显的3年起落周期特点，2003年~2005年是第一周期，2006年~2008年是第二周期，2009年~2011年是第三周期。每一轮的后半期，都是处于负利率时期。上一轮负利率时期，从2007年年初开始。这一轮负利率时期，从2010年2月开始。

在这种长期的低利率和负利率的情况下，投资者避免手中货币贬值显得特别重要。总体而言，应该持有特别大的固定资产，而少持有现金或者银行存款。但是，也因为低利率和负利率的关系，造成社会投机心态严重，价格会突然暴涨暴跌。普通投资者踩准经济周期，在每个阶段都能赚钱是不成立的。普通投资者能做的就是大致跟上经济周期的节奏，在货币政策较为宽松的前期坚持持有资产，尽量使自己不要在通货膨胀严重的时候大量追逐价格较高的投资产品，由于价格因素的不稳定，避免造成巨大损失。

一个完整的经济周期

第一个阶段是货币政策较为宽松，资本资产价格上涨。在中国国情下可以理解为社会货币供应量的增长率大大超过17%，例如连续3个月增长率超过20%，确认货币宽松政策来了，3~6个月后，股市、楼市、其他资产开始上涨，经济逐步复苏，这个时候如果通货膨胀不严重，大胆的投资者应该买入资产。普通企业也可以考虑在第一个和第二个阶段适当增加生产资料，在未来生产资料价格不断上涨的情况下，减少支出。

第二个阶段是投资泡沫产生，经济运行过热和负利率。随着人们收入的提高，资产价格上升导致的财富效应，使得原材料商品价格出现上涨，这个时候做多原材料最赚钱。经济开始过热，资产价格持续上涨，涨速过快，这样通货膨胀出现了，并且越来越厉害，这个时候开始的加息，在国内 CPI 超出 5% 以前的并不可怕。第二个阶段的特征是负利率的出现，并维持 6 个月以上。房地产价格不断上升，粮食食品价格也不断增长，造成社会出现货币贬值的现象，人们更乐于手中持有更多的资本资产。

第三个阶段是货币紧缩或者回归正常的时期。当通货膨胀突破管理者底线的时候，在国内大致是官方 CPI 超过 4% 或者 5%，其中 5% 基本属于货币政策必然收紧的底线，这个时候货币政策会紧缩或者回归正常，股市会出现流动性问题而下降，总体经济和楼市的表现一致，一般落后于股市 6 ~ 9 个月。第三个阶段的特征是连续加息、提升存款准备金率和股市下跌。在第三个阶段，特别是石油价格（Brent 油价）超过 100 美元，国内 CPI 超过 5% 以后，对于普通投资者而言，其实已经进入现金为王的时期了。以手中持有更多的现金为主，当国家政策引导市场时，投资产品出现滞销的状态，此时购买会使投资者有更多的投资选择。

第四个阶段是原材料价格普遍的上涨或者工资—物价螺旋式上涨，导致不能适应的企业破产。高昂的原材料价格，高昂的能源价格，抑制了需求，经济下滑。如果第三个阶段加息缓慢，那么通货膨胀会很高，剧烈的通货膨胀能引起消费低迷，经济下滑。然后导致原材料价格下降，经济萧条也使得股市、楼市下降或者回调，社会出现一些失业增加的现象。第四个阶段的特征之一是降息。降息之前买入安全的债券是个不错的选择。2008 年第四季度，中国国债和安全的企业债券的涨幅巨大，尤其是银行债券，信用级别高，流通性强。

一般投资者常犯的一个错误就是等到负利率出现 6 个月以上经济运行非常热时，才想到要去进行投资保值，这个时候其实已经比较晚了。如果国内 CPI 超过 5% 以后再去投资那就更晚了，因为资产价格已经非常高了，甚至很快进入下降阶段了。经过一个周期的变化，房产价格、股票价格又回到第一个阶段进行复苏，经济运行都是由这样的周期循环过来的。

投资问答录

问：请问专家，作为普通投资者，对经济运行的周期理解不是特别透彻，怎样才能够把握住当下的经济周期呢？

答：把握经济周期的阶段不是说你能够按照自己的意愿让自己随心所欲，而是说让自己的观点与当下经济运行阶段大致相同。有经验的投资者一定会关注国家推出的货币政策和经济政策。

譬如说，银行存款准备金的调整、银行利率的调整，以及国内 CPI 指数的公布，这些数据的综合就可以基本呈现经济态势。普通投资者应该适时把握相关经济数据的变化以及国家重大政策的提出，这样才能认清当下经济运行周期。

投资须知道的税务常识

对于投资者而言，了解一些相关的税务知识是非常必要的。学习我国的税收制度和相关的税务知识可以更加充分提高我们的投资眼光。

我们如何选择最佳的投资方式呢？在目前，普通投资者的投资形式可分为两种，一个是证券投资，另一个是实业投资。股票投资涉及的税收知识并不广泛，如股票投资缴纳的税种只有印花税，目前没有其他税种，所以我们在这里不作详细的讲述。在投资学中，实业投资的税务知识是重点。一般情况下，个人可选择的实业投资方式有：从事承包承租业务，作为个体工商户从事生产经营，组建合伙企业或成立个人独资企业，设立私营企业。在对这些投资方式进行比较时，其他因素相同的情况下，普通投资者需要缴纳的个人所得税成为了决定投资的关键因素。我们列举一下关于一些税种的案例。

个人独资企业的税负

我们国家的税收政策规定，自2000年1月1日开始，对于个人独资企业停止征收企业所得税，个人独资企业投资者的投资所得，比照个体工商户的生产、经营所得征收个人所得税。这样个人独资企业投资者所承担的税负依年应纳税所得额及适用税率的不同而有所不同。

例如年应纳税所得额为8万元，适用税率为35%，应纳个人所得税80000×35%－6750（个人所得税速算扣除数）＝21250元，实际税负为21250÷80000×100%＝26.56%。

私营企业的税负

目前设立私营企业的主要方式是成立有限责任公司，即由两个以上股东共同出资，每个股东以其认缴的出资额对公司承担有限责任，公司以其全部资产对其债务承担责任。

作为投资者的个人股东以其出资额占企业实收资本的比例获取相应的股权收入。作为企业法人，企业的利润应缴纳企业所得税。当投资者从企业分得股利时，按股息、红利所得缴纳20%的个人所得税。这样，投资者取得的股利所得就承担了双重税负。由于单个投资者享有的权益只占企业全部权益的一部分，其承担的责任也只占企业全部责任的一部分，所以，企业缴纳的所得税税负个人投资者也应按出资比例承担。

例如个人投资者占私营企业出资额的30%，企业税前所得为20万元，所得税税率为25%，应纳企业所得税200000×25%＝50000元，税后所得为200000－50000＝150000元，个人投资者从企业分得股利为150000×30%＝45000元。股息、红利所得按20%的税率缴纳个人所得税，这样投资者缴纳的个人所得税为45000×20%＝9000元，税后收入为45000－9000＝36000元，实际税率为（50000×30%＋9000）÷（200000×30%）×100%＝40%。

个体工商户的税负

个体工商户的生产经营所得和个人对企事业单位的承包经营、承租经营所得，适用5%～35%的五级超额累进税率。

例如个体工商户王女士年营业收入50万元，营业成本40万元，其他可扣除费用、流转税金1万元，其应纳个人所得税为（500000－400000－10000）×35%－6750（个人所得税速算扣除数）=24750元，实际税率为24750÷（500000－400000－10000）×100%=27.5%。

合伙企业的税负

合伙企业是指依照中华人民共和国合伙企业法在中国境内设立的企业，由各合伙人订立合伙协议，共同出资，合伙经营，共享收益，共担风险，并对合伙企业债务承担无限连带责任的营利性组织。在合伙企业中的损益由合伙人依照合伙协议约定的比例分配和分担。与个人独资企业一样，从2000年1月1日起，对合伙企业停止征收企业所得税，各合伙人的投资所得比照个体工商户的生产、经营所得征收个人所得税。但是由于合伙企业都有两个及两个以上的合伙人，而每个合伙人仅就其获得的收益缴纳个人所得税。

例如某合伙企业有4个合伙人，各合伙人的出资比例均为25%，本年度的生产经营所得为30万元，由各合伙人按出资比例分配。这样每个合伙人应纳的个人所得税为300000×25%×35%－6750（个人所得税速算扣除数）=19500元，税后收入为75000－19500=55500元，每个合伙人的实际税负为19500÷75000×100%=26%。

在以上几种实业投资计算税率的方式中，一般情况下，个人独资企业、个体工商户、合伙企业的税务负担基本上是一样的，私营企业的税负最重。合伙、个人独资、私营三种形式的企业是法人单位，在发票的申购、纳税人的认定等方面占有优势，比较容易开展业务，经营的范围比较广，并且可以享受国家的一些税收优惠政策，如我国在“出口退税”上的政策。

了解现行我国的基本税务知识，有效地理清税收现实及合理避税，就能减少不必要的投资损失，同时变相增加了自己的收益。

投资问答录

问：专家您好，我们对税务知识不了解，如何区别合理避税与偷税呢？

答：您好！合理避税是指在尊重税法、依法纳税的前提下，纳税人采取适当的手段对纳税义务的规避，减少税务上的支出。合理避税并不是逃税漏税，它是一种正常合法的活动；合理避税也不仅仅是企业财务部门的事，还需要其他各个部门的合作，从合同签订、款项收付等各个方面入手。

合理避税是企业在遵守税法、依法纳税的前提下，是以法律和税收的详尽研究为基础，对现有税法规定的不同税率、不同纳税方式的灵活利用，使企业创造的利润有更多的部分合法留归企业。它如同法庭上的辩护律师，在法律规定范围内最大限度地保护当事人的合法权益。避税是合法的，是企业应有的经济权利。必须强调一点，合理规避税收与偷税、漏税以及弄虚作假钻税法空子有原则性的区别。

小心那些投资陷阱

随着人们生活水平的逐渐提高，越来越多的人注重自己资产组合的方式。每个人都希望自己的资产能够增加，有一些不法分子利用人们这种心理，设置了不少的“投资陷阱”，这些投资陷阱让人防不胜防，所以在投资过程中必须提高警惕。

可能你或者身边的人有替人做担保的情况，因成为担保人而受到牵连的事情时有发生，切莫认为给他人做担保只是签个字、盖个章，自己没有多大责任，实则不然。拿一般的民间借贷来说，若为借债人做担保，一旦后者故意拖延还款，首先受牵连的就是担保人，担保人必须偿还借债人的欠款。如果没有十足的把握，尽量不要给别人做担保人，以免陷入麻烦之中。同时，作为借款人，也必须做好对借债人的个人信用调查，不要轻易把钱借出去，因赖债而造成破产的例子不胜枚举。

有一些非法的投资机构，以“高回报 ”、“高收益”的口号为诱饵，实施金融诈骗。这些机构以非法集资的手段敛财，刚开始支付高额的利息（实际是原投资者的本金），这样诱导更多的人加入，集资金额到一定数量以后，他们就会消失得无影无踪。这些机构的利息尽管高于银行，但百姓在这些机构中的存款并不受国家法律保护。

存单作为银行给予储户的唯一合法支款凭证，不可背书转让。然而，一些别有用心者却在向他人借取现金后，故意将写有自己姓名的未到期存单转让给不明就里的出资者抵债，如果没有充足的证据证明曾经自己出过资，那么损失就成为必然的了。

随着金融机构多元化的发展，许多银行开办了存单小额质押贷款业务，有些投资者便向他人借存款单，到银行进行质押贷款。出借存款单的人可能以为，自己不过是帮别人一个忙而已，其实借存款单与借现金没什么区别，倘若贷款者到期无法偿还，银行就会按照规定将存款单变现支付债务，所以，不要轻易把存款单借给别人做贷款。

上面所说的是一些常见的陷阱，如果想要更好地防范投资陷阱，还得多掌握基础金融知识。同时，若情况不明，切莫轻信他人，不要被蝇头小利和不切合实际的投资计划冲昏头脑，投资者只有加强防范意识，才能走出五花八门的投资陷阱。

投资问答录

问：请问专家，对一般投资者而言，关于应对市场不确定性的个人投资理财，有什么建议可以供参考？

答：作为一个投资者而言，或者说对一个普通居民来说，防范各种市场风险以及金融类的风险都是比较重要的。我觉得应该注意以下两点：第一，在投资和生活中不应该有太贪心的念头。金融市场的风险和生活中的财务诈骗都会利用人的贪婪心理，有不少人因此遭受巨大的损失，所以从投资学上来讲，首要克服的就是人的贪婪心理。第二，不要浮躁，做事仔细，关注细节。在投资市场上很多人都沉不住气，手里一旦持有股票之类的产品，就希望一夜暴富，而不去客观地分析，有的时候会提前卖出，卖出后却发现这只股票开始上涨，总是抱怨。究其根源就是内心太过浮躁，其实投资到一定阶段，考验的就是心理素质。

如何制定好自己的投资计划

一个好的投资计划能够让我们的投资更加有效率。比如说那些投资高手，他们在投资市场上都会制定切实可行的投资计划，而在投资市场上亏钱的投资者一般都不做投资计划。

可以这样说，普通的投资者亏钱的主要原因是没有周详的投资计划。这些投资者的投资决策都发生在一瞬间，或者是听一些没有根据的小道消息，或者是心血来潮的冲动，把大量的资金很快就投了进去，没有分析，更没有周详的计划，当投资的项目出现状况时，没有应对的准备，这种鲁莽的投资行为就为后来投资失败种下了种子！

那么，对于投资者来说，怎样才能制定出切实可行的投资计划呢？一般情况下，可以通过以下几个步骤来完成：

清醒地了解自己抗风险能力

投资就像是一种博弈、一场战斗，只有充分了解自己，才会离胜利更进一步。因此，在制定投资计划前，首先要充分认识自己，了解自己的情况。

资金情况：投资者要有一定的固定收入，这是制定投资计划的第一个前提。进行投资的资金最好是闲置不用的钱。

承担投资风险的能力：就是投资者对收益的依赖程度。如果投资者对投资收益的依赖很大，就应该选择债券、优先股等安全可靠的投资产品，这些投资产品有稳定的收益。如果投资者抗风险能力强，就可以选择收益高但风险较大的股票进行投资。

心理素质情况：在证券、股票投资中，投资者心理素质的强弱有时比资金的多少还会影响成败。患得患失、优柔寡断的投资者应该尽量规避风险大、起伏变化快的短线股票投资。

知识结构以及投资经验：投资者掌握的投资知识中，对于哪种投资方法更为了解更加明白以及人生经历中更为偏向哪种投资，都会对制定投资计划有所帮助。相对而言，选择自己了解投资项目，充分利用自己所学的投资知识和经验，是投资步入稳定轨道的重要因素。对于股票投资而言，选择自己了解行业中的上市公司，并能够熟悉运用自己掌握的方法进行操作，就可以更进一步提高获利的概率。

可以利用的投资时间：投资者应该考虑有多少时间和精力放在投资项目上，以及能够获取多少关于投资的信息和方式，如果能够有充足的时间进行投资，就不太适合短期价格波动大的股票投资，可以选择中长期的债券或者绩优类的股票进行投资。

设定正常的收益预期

在进行投资过程中，很多投资者没有设定正常的收益预期，总是追求那些增长收益越来越大的股票，这种想法是非常不合理且错误的。一般会出现这种情况：看到自己的股票价格不断上涨，就期望自己的收益不断增加，在贪婪欲望的操控下继续投资那些风险特别高的股票，越陷越深，最后损失惨重；或者是某只股票价格出现下降，没有及时止损，股票价格越来越低。正常情况下如果预期是非常合理的，就可以及时作出决断，一样可以实现既定的收益目标。

没有合理计划的投资者想获取收益的心态非常重，而对损失却承受不住，希望每一次的投资计划都成功的心态是投资者一大禁忌。

分析投资的大环境

能够对投资的大环境作出清楚的分析是至关重要的，只有一些顶尖的短线高手是例外，绝大部分的普通投资者还是需要通过把握趋势获取收益。作为投资者必须学会按照经济环境的变化而调整自身的投资策略，这也是人的本能反应。只有能够把握大的环境变化，才能更进一步为投资计划作铺垫。

不要轻易动摇自己的投资理念

用什么样的原则和方法来指导投资，称之为投资理念。我们把趋势跟踪、价值发掘、技术分析等都可以叫做投资理念。运用什么样的投资理念跟投资者的思想和性格以及经验有很大关系，如果投资者对经济信息不敏感且没有清晰的理论精心指导，就不要参与技术性较强的波段分析；如果投资者没有足够的耐心和时间，就不适合对具有潜力股票的发掘。市场环境对投资理念的影响也是非常大的，当经济发展出现泡沫时，对于潜力股的价值挖掘会很困难；市场处于长期不景气的情况下，跟踪趋势也不是好的投资理念。

对于投资操作时间的把握

多长时间对投资产品进行操作，多长时间进行一次投资产品的组合变换重置，这些问题与市场运行的大环境、个人的心理因素、应用何种投资理念有关。长线交易的方式一般非常适合上班族。

资产份额的分配和投资组合的变化

当投资者做好以上几个步骤之后，接下来就是具体实施了。相

对于使用的传统投资种类较少而言，广泛多元化的投资产品组合会使利润率不断增加且利润风险小，因此，投资者可以设计广泛多元的投资计划。一个好的投资方案能够让投资者获得更加稳固丰厚的收益，规避市场风险。具体到股票交易市场，投资者无法准确预测出任何一种股票价格的走势，假如将全部的资金投入到一只股票上，一旦市场出现变化，可能损失惨重；如果进行一个投资的组合分配，并且将资金划归到不同领域的股票之中，规避风险的能力也就大大加强了。

投资问答录

问：专家您好，我和老公两个人都是普通职工，平常的事情非常多，周六周日还要照顾孩子，没时间进行理财规划，我们想做投资理财，有什么好的办法吗？

答：这位女士您好！现在职业女性非常多，一般都不会有太多的空余时间进行理财规划，所以我建议你们咨询一下理财规划师。理财规划师是由专业的理财人员组成的，可以根据你现有的闲置资金的多少进行合理的投资组合。他们能够提出科学合理的理财计划供你们参考，打造最适合你们情况的理财计划。

同时你们还能以基金定投的方式进行投资，这种方式的优点是收益稳定，安全性高。作为年轻的人，也可以尝试一些新型且安全性较高的投资方式。

第二章
投资理财前必须读懂宏观经济

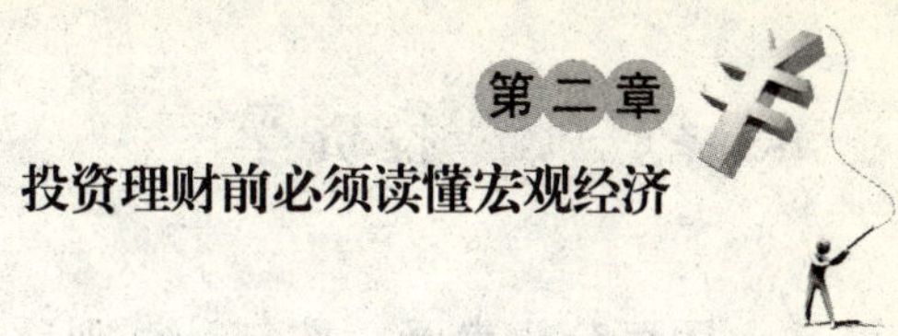

大环境下的小投资

作为普通投资者，所投资的项目都是在宏观经济的大背景下进行。在每一个投资门类中，都离不开对宏观经济大环境的分析。在投资领域，有几个至关重要的因素直接影响投资产品的价格走势。对这几个关键因素的把握有利于提高投资者的眼光以及投资灵敏度，对未来经济走势能起到一个预知的作用。

股票的价格指数

股票的价格指数是描述股票市场总的价格水平变化的指标。它是选取有代表性的一组股票，把它们的价格进行加权平均，通过一定的计算得到。各种指数选取的具体股票和计算方法是不同的。

经济学中，把股市的价格指数作为晴雨表，而股市交易的情况就是未来经济发展的预期。对于我国沪深两市的指数指标，投资者必须要做到能够正确分析其中包含的经济信息。股市的灵敏度越高预期效果越好，初学投资必须对此有所了解。

银行存贷款利息率

又称银行利息率，表示一定时期内利息量与本金的比率，通常用百分比表示，按年计算则称为年利率。

其计算公式是：利息率= 利息量 ÷ 本金÷时间×100%

银行利息率的制定是按照市场上的货币流通量来作为参考，以调控市场上的货币流通量。每一次的加息或者减息都会对未来投资市场产生巨大效应，以达到国家宏观调控的目的。投资者应该了解相关的货币政策，以此作为参考。

国家对相关产业的政策

对于各行业的管理者来说，国家出台的相关政策非常重要。比如对于某类产业的优惠政策或者限制一些高污染行业发展等。投资理财产品一定要关注国家出台的对某类产业扶植或限定的政策，从而可以投资一些有政策扶持的企业股票。

企业前景

对于投资者来说，要根据经济周期来预测企业的发展趋势。某个行业的兴起还是没落对投资者来说非常重要，决定了投资者对于手中投资产品的配置办法。比如说，互联网的兴起是非常迅速的，国家对此类行业扶植力度加大，市场前景自然好，比较适合长期投资。而一些高污染、资源浪费比较严重的行业成本巨大，收益不明显，国家对此类产业限制发展，企业前景自然比较弱势。

投资环境

经济发展的好坏，影响着各行业的发展，从而影响依赖于实体经济的资本市场。只有经济状况比较好，才能为投资者提供好的投资环境，获取丰厚的投资利润。

投资问答录

问：专家您好，我想请问您关于投资环境的变化如何判断？现在适合哪类的投资呢？

答：投资环境的变化是受很多因素影响的结果，不是单一的因果关系。我们在判断投资环境好坏的时候，应该从社会的大环境出发，而不是从单一的某个指标分析市场行情。

现在投资产品花样翻新，层出不穷，应该选择某一个曾经接触过的投资行业或对该行业非常熟悉，这样投资者就能够有所收益，还能及时对风险进行规避。

金融危机对投资和消费的影响

在全球金融危机影响下，投资和消费都出现了呆滞的现象。对于普通投资者而言，不能改变经济的现状，但是，可以通过一些理财方法保持收益的稳定。

最平常的事情最容易被人忽视，就比如说我们买东西吧，几乎没有人会去总结自己属于哪种消费类型。经济危机下经济变冷，很多人开始节约起来，不过这个通过主观来调整的方式不是十分科学，从没有人认真考虑过自己的消费方式是否存在问题，也没有人考虑过在全球金融危机的日子里如何度过。

接下来，我会告诉你处理好消费对全球金融危机下的理财生活有多么重要，而你要做的就是尽快地形成适合自己的消费哲学，推开通往财务自由道路上的“消费”这道门。

全球金融危机下，为什么消费那么重要？

预测金融危机之后可以用两个词：通货紧缩和经济停滞。当前中国经济正处于一个18年的长周期的尾声，企业和金融机构目前都在消化自身过剩的产能和自身财务的分配，这是经济泡沫破灭后的典型特征，尽管政府有密集的经济刺激计划出台，但恢复经济发展也要经过长期的积累。

通货紧缩意味着产品价格的下跌。比如说2008年以后我国房地产的交易量急剧萎缩，一些日常消费品价格下降。换句话说就是钱变得更值钱了，尽管金融危机后央行连续降息，中国老百姓终于享受到好久不见的“正利率”。那是不是说应该把钱存入银行，事实显然不是这样的。在通货紧缩的情况下，把钱包捂得紧紧地是非常不明智的。车子的价格再跌也不会和废铁一样，房屋的价格再跌去一半，也不会说租房住更划算，这时抄底实体经济比投资虚拟资产更加可靠，更加安全。

其实这件事情说来也比较有趣，金融危机以前出现通货膨胀，人们就将大量的资金转换成商品，然而金融危机以后出现了通货紧缩，政府开始鼓励人们把钱从银行里拿出来，这和我们所了解的经济学常识恰恰相反。实体经济和服务行业的价格规律要比资本市场的定价规律更加简单，而掌握规律以后所获得利润并不比资本市场的利润低，2008年的全球金融危机就给我们留下很深刻的印象，我们要了解金融危机带来的危害，同时也要看清危机之后给我们留下哪些机会。

收入与投资收益。金融危机的到来，使大多数人的收入会在正常情况下有所降低，甚至于一些人将会面临失业。这样看来，我们必须在可以预知金融危机的同时掌握应对危机的技能以及相关知识，就可以在危机发生时将损失降到最低。所涉及的领域最好是受危机影响比较小的行业，尽量不要做与金融有关的投资。资本市场的变化莫测，不是我们大众可以预测的。

投资者心理预期不要受到紧张情绪及生存威胁而去铤而走险。我们应该加强对金融危机的认知程度，提高防范危机的能力，经常查阅有关金融的报刊杂志，这样有利于判断经济走势。要积极理财，减少通货膨胀造成的损失。

投资问答录

问：请问专家，金融危机的影响比较大，如何才能合理地预测金融危机的到来？怎么才能防范金融危机带来的损失？

答：您好！我们所说的金融危机又称金融风暴，是指一个国家或几个国家与地区的全部或大部分金融指标（如短期利率、货币资产、证券、房地产、土地价格、商业破产数和金融机构倒闭数）的急剧、短暂和超周期的恶化。这些恶化都是连锁反应，一个经济领域出现状况促发其他领域出现问题。其根本原因是经济运行中出现的问题导致的。

这属于系统性风险，不在防范的范畴之中。但是，危机爆发之前都会有明显的标志。比如日常消费品的价格普遍上涨，股市出现大量泡沫，工业产品价格上涨，生产成本价格增长幅度较大，这些都是经济运行过热导致金融危机的因素。

作为普通投资者应避免盲目追涨，不要没有限度地将资金投放在虚拟资产上。而对实体经济的投资应该放在金融危机之后的复苏阶段。

汇率变化对投资的影响

汇率又称汇价或外汇行市，是指以一国货币兑换另一国货币的比率。汇率作为一项重要的经济杠杆，其变动能反作用于经济，而汇率对投资的调节作用是通过影响进出口、物价、资本流动等实现的。

汇率对投资的影响是由进出口而来的，在正常的情况下，本国货币贬值，能够扩大出口而减少进口，有利于国内的盈余。

它对出口的影响大致是这样的：本国货币在国内的购买力不发生变化，而外国货币发生贬值的时候，这个国家出口所获得的外汇收入，按照新的货币比例核算就会获得更多的本国货币，出口企业和个人就会从贬值中获得更多的利润，加大了出口的需求量，对国内的投资产生促进作用。那么对进口企业来讲，由于进口商品的价格按照新的汇率核算，就相当于进口企业多花费了资金，导致了进口商品价格的增长，对出口起到了促进作用。这样，国内的商品需求必须通过投资来完成，从另一个方面又刺激了国内经济的发展。

如果说本国货币出现升值，进口的数量就会增加，出口就会受到限制，导致国内的投资的减少。但不是完全没有益处，是顺差还是逆差还要结合需求弹性来考虑，这就是所说的价格变动导致需求数量变动的多少。如果进出口需求对汇率和商品价格变动反应灵敏，就说明需求弹性大，那么汇率对商品出口的影响就比较小。如果说需求弹性小，那么外汇对商品出口的影响就小。

汇率对投资方式的影响是通过进出口商品的价格来实现的。汇率不仅可以影响进出口商品的数量，也可影响物价水平，从进口消费品和原材料上影响价格。本国货币贬值就会引起商品价格的上涨，国内的消费品价格就会上涨，这样就刺激了国内投资；相反的是，汇率出现升值的情况，那么进口商品的价格就会便宜，间接影响国内的投资热情。

汇率的变动可以改变资本的流量。由于国际一体化形势的不断加深，国内的投资活动在国内已经无法获得满足，需要借助国际资本的注入改变投资环境。长期资本流动受汇率的影响比较小，其目的主要是获取利润和规避风险。但是那些短期流入的资本对汇率变化的影响比较明显。在汇率下降的时候，本国以及外国的投资人就对贬值国货币进行风险规避，经常会出现资金流入其他汇率上升的国家的现象。因此，汇率贬值会减少市场上的流动资金；汇率升值金融资产的投入就会增加。

汇率的实际作用还与各国的经济体制、市场条件和市场运行机制相关联，对外资金流入的态度也是一方面。一般而言，一个国家自身的调节功能越强大，与国际的关系越密切，汇率的效用也就越明显。

投资问答录

问：请教专家，在外汇市场上，人民币出现了一路走高的态势，这对我们生活有什么影响？

答：你所问的问题，也是现在我们经常关注的外汇问题。在现行的“有管理的浮动的外汇制度”下，我国经济贸易一直处于高顺差的情况，也就是说我们出口的商品大于进口的商品，外汇储备逐年增加，人民币升值的情况也是非常正常的。

人民币的升值有利于我国居民出国旅游、出国留学以及增强我国境外投资的能力，有利于我们国家“走出去”战略的实施。事物都具有两面性，随着外汇汇率的不断上升我国出口会受到影响。总之，中国加入世界贸易组织之后，与世界的联系更加紧密，人民币的力度更加坚挺，有利于以后我们个人的对外投资。

通货膨胀情况下的投资策略

三种通货膨胀的程度

当通货膨胀率的上限不超过10%，一般这种情况下经济发展处于非常繁荣的状态，资本市场和房地产市场进入突飞猛进的发展。这时国家出台的一些宏观调控政策受到高涨的投资热情的排斥，具有丰富经验的股民开始离开股市，房地产的泡沫逐渐放大，握有实物资产的人可以获得较大利润。此时盲目无计划加大投入是不可取的，目光较远的企业家已经准备应对市场上还未出现的“饥荒”。当所有的商品出现大规模的上涨，利率的增长速度已经超过了物价的增长速度，这时应该把部分固定产品换成现金，买入一些流通性强易于兑换的基金或其他投资产品。

商品价格出现迅猛的增长。此时国家一定会颁布一些更加强大的调控政策，经济运行速度平稳降低的可能性比较小，随之而来的是经济发展出现衰落的现象。理性投资者这时应该退出股市。房产有一定的抗通货膨胀能力，甚至可以说是应对物价上涨保值的有效手段，但不要向银行做贷款购房，这使得财务成本付出的代价较大，也不能把买房作为投资手段，此时不是投资房产的有利时机，尽量不要把手中的房产作为筹码要尽快售出，原因是一旦经济步入衰退期对于房地产的冲击是非常大的。这时，国家的利率调整使利率又有一个大的提高，时间长、风险小的固定投资是不错的选择（如长期国家债券），但企业发行的债券要小心，它的还本付息能力很可能随着经济衰退期的到来而消失。经济状况走到通货膨胀末期的时候，普通商品的价格已开始平稳或回落，而银行利率还没有作出调整，可以做一些高利率的长期债券或储蓄投资，分享物价平稳时期稳定的高收益。

恶性的通货膨胀时期。这个时候的资产全部出现高台跳水似的下跌，甚至一些房产企业也不敢投资，经济发展到这种地步必然会面临相当长的萧条期，甚至出现政治动乱，此时尽快把资产兑换成别国货币或者黄金。黄金是国际硬通货，可以对抗各种经济风险。收藏这时也成为了不错的选择，因为藏品是可带走的，没有地域性，易于流通。

应对通货膨胀的策略

通货膨胀导致资产价格普遍上涨，由于资产的类型不同，因而对这些资产的投资所获得的收益与风险也不相同。无论投资何种理财产品，却都有其相同的规律：高收益的背后必然承受高风险，在高速的通货膨胀下，上涨迅猛的商品下跌的速度必然也迅猛；相反，价格上涨速度慢的商品下跌的速度也慢，风险低。风险的大小不能区分产品的优劣，这主要取决于投资者对风险的承受能力与认知程度。

承受能力强的人适合高风险的投资，而喜欢生活安逸的人宜选择风险低的投资种类。特别要注意的是，高风险的投资和赌博是有本质区别的；还要注意的是，如果投资者将全部财产都投资在高风险的理财产品上，是非常缺乏理性的行为。

密切关注国家出台的调控政策，适时调整理财行为。投资者应关注调控政策，洞悉市场的动向，分析市场的动态。例如我国经济危机时推出的政策是为了抑制流动性的增长，但是对股票市场的发展起到了调控的作用，这种政策的影响要大于对楼市的影响。因此，投资者及时关注市场风险，能够合理地进行资产分配，如果在资本市场上孤注一掷可能会为自己的投资带来灾难。

把握好资产配置比例。投资者特别要注意组合投资，合理配置各种投资组合，从而达到资产合理配置的最佳效果。投资组合理论认为：若干种证券组成的投资组合，其收益是这些证券收益的加权平均数，但是其风险不是这些证券风险的加权平均风险，投资组合能降低风险。投资组合是指将各种不同性质种类的资产加以组合，包括现金、存款、股票、基金、房产、黄金等，如何配置则可依个人对风险与收益的需求而定。组合投资可使资产整体的安全性高，风险小，收益较为稳定。

投资问答录

问：请问专家，金融危机以后部分商品的价格没有回落的迹象，日常生活的商品价格还出现上涨的现象，是不是通货膨胀还在持续？

答：对于你说的现象我无法直观地告诉你是否出现通货膨胀，

只能告诉你一些关于物价上涨的因素。诸如说商品的成本上涨、运输费用的提高、工人工资的提高，都会使商品的价格出现上涨。还有一些商品的价格是受到季节因素的影响而上涨。再就是“价值规律”会使商品的价格受到供求关系的影响。

所以不能说价格上涨就是通货膨胀，这种说法比较片面。我们应该更加关注市场动态，阅读相关新闻，了解实时动态，把握经济脉搏。

通货紧缩情况下的投资策略

最近几年通货膨胀成为了“热词”，而人们很少了解有关通货紧缩的消息和知识。其实，通货紧缩的发生也会给我们国家经济运行和国民生活带来一定影响。

首先阐释一下通货紧缩的出现原因。当市场上流通的资金量减少，人们手中持有的货币减少，而市场上的商品数量不变，迫使厂家降价，造成通货紧缩。长期的通货紧缩会使投资和生产减少，导致部分厂家倒闭、工人下岗。有关通货紧缩的限定范围，学术界还存在很多分歧。大多数经济学家认为，当消费价格指数连续下跌3个月，即表示已出现通货紧缩。通货紧缩就是生产的产品过剩或市场的需求量较小导致物价等相关价格的下跌。

关于通货紧缩的认知，在国内还没有统一，大体的定义可以归纳为三种：一种观点认为，通货紧缩是一种经济衰退在货币上的表现形式，因而必须有以下几种特征：一是物价的普遍下跌；二是货币供给量的持续减少；三是商品的需求量不足，经济全面衰退明显。这种观点就被叫做三要素论。另一种观点认为，通货紧缩是一种货币的表现形式，表现为商品价格的持续下跌和商品供应量的持续下降，就是所谓的“双要素论”。第三种观点则认为，通货紧缩就是指商品价格的持续普遍下跌，被称之为“单要素论”。

通货紧缩与通货膨胀都属于经济运行不正常的状态，但和我们想象不同的是通货紧缩比通货膨胀的经济危害更严重。

首先，通货紧缩会导致经济运行出现异常甚至衰败。商品价格不断降低，必然使人们对经济预期产生失落情绪，捂紧口袋，促使消费和投资的下滑，从而加速经济的衰退。

其次，商品价格的下降等于实际贷款利率的提高，增加了企业贷款投资的阻力，债务人所受的损失更大，商品降价利润降低，严重时导致部分企业亏损甚至破产。由于企业经营状态不良，银行到期账款无法收回，出现大量坏账，同时没有好的赢利项目，还要向储户支付利息，甚至在经济恐慌中出现“挤兑”的现象，从而引起银行破产，使金融系统面临崩溃。

最后，经济形式的恶化催发人们对经济预期的恐惧，会使经济陷入恶性循环之中。通货紧缩还会受国际贸易的影响波及其他国家，而在世界范围内出现的通货紧缩又进一步加剧本国经济恶化，使之恶性循环下去，其后果非常严重。

在通缩时代如何安全理财呢?

目前情况下，通货紧缩出现的可能性比较小，其风险的防范还是以控制为主。将资金存入银行就是一种措施。往银行做储蓄投资也有一定的技巧，假设我们国家出现经济通货紧缩的情况，国家随时会出台降息的政策，因此，短期资金的储蓄投资以收益相对较高的通知存款比较合理。

通货紧缩来临投资楼市，安全增值。房地产的企业链条非常长，在经济下滑的通货紧缩时期，国家必定出台政策振兴房地产业。房产的投资赋予多重效益，投资房地产可以满足自己居住的需要，也可以出租收取租金，随着时间的推移房产本身也会升值。

收益稳定的银行理财产品也值得投资者关注。由于人们盲目地追求高利润导致低风险理财产品减少，即使投资者有投资低风险理财产品的愿望也不一定能够实现，但可以借助银行推出的理财服务进行理财产品的投资。比如工商银行就设有专门的理财经理，投资者可向理财经理进行咨询，在平衡风险与收益的基础上，可以根据自己家庭的实际状况进行资金的配置。

基金也是不错的选择，其优势是可以根据基金良莠随时调整投资份额。

市场环境不明确的情况下，建议把投资做成两部分：一部分可以投资那些风险低、可保本的基金、货币基金、债券基金；另一部分的资金需要日常的积累做一下每个月的基金定投，这种投资风险高但收益高，做结余投资比较好，复利增值，积少成多。合理配置投资产品有利于应对市场风险，长久持续投资有利于丰厚的资金积累。

投资问答录

问：请教专家，我是80后，在我们这一代，很少有人了解通货紧缩，是不是不会出现这种情况呢？

答：回顾近二十年，经济发展繁荣。但是，通货紧缩也曾经在我国出现过，当时给我国带来了不小的影响，许多工厂因此倒闭，大量工人下岗，所以，我们不得不关注通货紧缩的发生。作为个人来讲，做一些投资对生活水平的提高有所帮助，还可以抵抗市场风险，我们何乐而不为呢！

从利率上看投资

有一位著名的经济学家曾经说过："市场利率与社会总储蓄和总投资有着密切的联系。"利率的变化程度与储蓄和货币需求量的关系特别密切。从宏观经济学角度看，储蓄就是对银行的投资。所以，利率的变动直接影响现有的投资市场，且通过调节存款的数量而影响未来的投资情况。

凯恩斯通过研究利率的作用加以其大力发展，而成为著名"有效需求"理论的核心内容。他是这样认为的，债券价格和利率的关系恰好是相反的，如果利率上升，那么债券价格就会下降；如果利率下降，那么债券价格就会上涨。利率与债券的这种反比关系，使得人们在资金的安排上可以在现金与债券之间作出选择，达到获利的目的。如果通过分析预期利率将会下降，表明未来时间段债券价格会上升，此时人们购入债券，在未来债券价格上升时卖出债券；相反，人们分析预期利率会上升，使得人们愿意把钱存入银行，这时将手里的债券兑换成货币存入银行，防止将来债券价格下跌时承受损失。从宏观经济学的观点看，利率的变化直接影响投资者的投资规模和投资货币的配置。

利率对投资规模的影响

利率对投资规模的影响主要是说利率变动对于社会总投资的影响。在既定收益不变的条件下，因利率的提高而导致的投资成本增加，必然让一些投资收益本来就不高的投资者退出该领域，致使投资的总需求减少。与之相反，利率出现下跌的情况表明投资成本降低，有利于投资收益的增加，因而使社会总投资增加。由于利率这一奇特的功能，货币管理机构和投资机构都把利率的变化当做衡量经济运行状况的一个重要指标和一种有效调节经济发展的工具。因此，自20世纪30年代经济大萧条以来，稳定调控利率在欧美国家的货币政策体系中占据着非常重要的地位。

二战之后，经济开始复苏，西方各国为了逐步恢复遭到破坏地各产业的生产，开始降低利率刺激经济的高速发展，这时经济增长和国内就业率成为了首要目标。各个国家颁布的低利率政策鼓励投资，扩大国内生产规模，促进经济的迅速增长，因而受到金融管理部门的青睐，并且在第二次世界大战后的近30年里，起到了促进经济发展鼓励投资的重要作用。比如在整个20世纪50年代和60年代，美国国民生产总值增长率都在4%左右。韩国的低利率刺激作用更加显著，增长高达5%，本国企业在低利率下得到实惠，减少了利息负担，降低了企业成本，客观上增加了企业利润，鼓励了企业进一步的投资，加速了整个工业发展的进程。日本政府出台的银行低利率政策促进了本国的投资、工业的高效快速发展和贸易出口的开展。

20世纪70年代初，欧美各国国际收支极度不平衡，发生了程度不同的通货膨胀。与此同时，各国国内经济发展缓慢，出现了可怕的“滞胀”局面。为了抑制经济危机的恶化，欧美各国推出了高利率的贷款政策，以减少投资，抑制通货膨胀的持续，效果非常显著。尤其是英国的通货膨胀率从 1957 年的 24.2% 下降到 1982 年的 8.6%，再继续下降到 1988 年的 3.8%。

我们可以看出，利率的调整对投资环境乃至整个经济周期活动的影响都是很大的。这一点不光是西方经济学的著名理论，它的价值也在实践中得以证明。

利率可以调整投资结构

投资结构的范围主要指用于国民经济各生产部门的比例结构关系。利率作为调节投资资金量的杠杆，不但决定投资环境的范围，投资结构也受到利率水平和利率结构的影响。

投资问答录

问：我想咨询一下专家，作为普通投资者如何看待关于利率调整的问题，投资者怎样解读利率的变化和经济状况？

答：我国利率的调整都有严格的计划标准，还要根据当时的经济状况。最直观的是利息率的调整对于股票市场的影响。每当利息提高，说明国家紧缩银根，减少市场的货币流通量，促使股市下跌；相反，利率降低，资金量增加，股市变得活跃。

银行利率的调整能够充分体现政府对未来经济形势的预期，作为一个资金结构的杠杆，普通投资者对于利率的关注也是必不可少的。

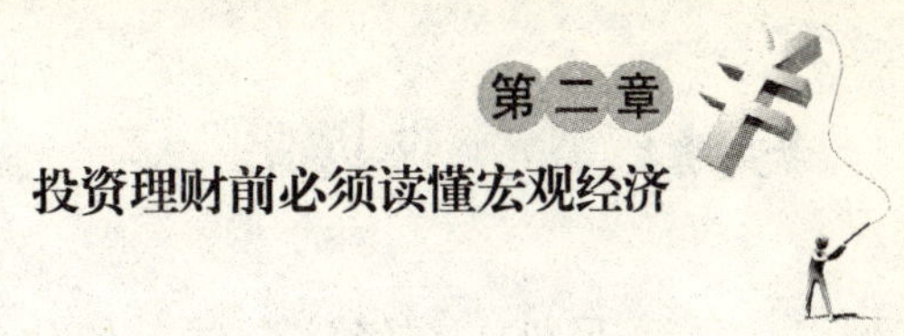

读懂股票价格指数

股票价格指数是用来反映样本股票整体价格变动情况的指数。人们对未来市场的预期不同，对每只股票的前景看法不同，就会产生不同的操作方法，对市场预期不好的人会把股票卖出，而对市场充满信心的人会大量买进。当买入的数量大于卖出的数量时，需求大于供给，股票价格自然上升；当买入的数量小于卖出的数量时，股票价格自然下跌。所以，股票价格很大程度上受到供求的影响，也和人们的心理预期相关。投资者一般把那些内在价值大于市场价格的股票作为投资的热点，通过这种方式，股票的指数与股票的价格在不断地进行变化。总体来说，股票价格指数变动会受到几个方面的影响。

大市场背景下的宏观经济

一般来说，在宏观经济运行正常的情况下，股票价格指数应该处于不断上升的模式中；大市场经济出现恶化的情况下，股票价格指数会呈现弱势下跌的趋势。同时，单个的企业自身运行状态和股票价格指数的联系也比较密切，假如企业经营状况良好，业绩不断提升时，这个企业的股票自然会上涨，反之，股票会出现下跌的趋势。这就显现出股市作为“经济晴雨表”的功能和作用。

另外，在经济全球一体化的趋势下，我国的经济形势与世界经济发展也是密不可分的。一直以来已保持巨大的进出口顺差，已经成为我国经济发展的支柱，因此，我国的股票价格指数与国际经济形势也有非常密切的关系，比如标准普尔指数、道琼斯指数、日经225指数等。当然，随着我国经济发展日趋壮大和股市的逐渐成熟以及人民币的缓慢升值，会使沪深300指数的独立走势力度会越来越大。

利率、汇率水平的高低及趋势

通常来讲，利率越高股票价格指数越低，反之，股票价格指数越高。究其原因，在利率较高的情况下，投资者偏爱于拿钱做存款或购买债券等，从而导致股市上的资金量减少，股票的价格随之下降；反之，利率越低，股票指数就会越高。因为利率太低投资存款的利润微薄，使越来越多的投资者目光集中到股票市场，导致股票价格指数的上升。

在世界经济发展历程中，各国的通货膨胀、货币汇价以及利率的不断变化，已经在经济生活中已经见怪不怪了，但是对于期货市场的影响日益加深。最近几年，欧美国家会出现在银行利率上升时，股票市场的热情并不减少，原因是投资者在两者之间摇摆。银行存款风险比较小，利率较高，收入稳定，但不易变现，资金被固定在银行中，并且无法弥补通货膨胀造成的损失；而股票的交易灵活方便，风险虽然大，但是如果眼光好，可获得巨大的利润。所以，在低利率的情况下提高不多的利息率，部分投资者还会痴迷于股票的投资。汇率的变化与利率有相同之处，即本国货币的升值，有利于进口，不利于出口。而有关人民币的升息、升值对于股市的影响还要具体问题具体分析。

当一定时期市场资金比较充足的时候，投资者对股票的需求比较旺盛，会推动股票价格指数上升，相反，会促使股票价格指数下跌。比如我国拥有巨大的外汇储备，货币供给量充足，推动了股票价格指数上涨，但资金过多可能会导致结构性的通货膨胀。再比如因为政府的社会支出增加，将使国内资金流量增加也会推动股票价格指数的上升。

同样，社会货币供应量的增减对股票价格指数也有影响。通常，货币供应量增加，社会的流动资金就会偏向股市投入，从而把股票价格抬高；相反，市场上的货币供应量减少，大众的消费水平降低，股票价格也必然下跌。由货币的供应量的增加导致通货膨胀的发生概率增大，在一定范围内刺激了生产，因为它增加了企业的销售额和股票的价格有所上涨，所以在负利率的情况下，人们为了保值，丧失了对存款的热心，把资金投入到股票市场。但是，如果市场的通货膨胀超预期的放大，甚至超过10%，那么将造成实际的工资水平降低和市场的需求量下滑，加剧产能过剩，导致经济危机，最终导致股票价格迅速跌落。

国家的经济金融政策

国家出于对市场经济化的各行业类型的转变，一般会出台调整利率、汇率及针对各行业、各区域的政策等，这些政策的出台会对整个经济环境和行业板块造成影响，从而影响沪深股市的指数走势。上市公司由于资金流转问题向银行借款，借款数额的增加，使银行的监督管理权开始加大，执行的话语权更加有说服力。

在企业收益减少的情况下，银行作为债权人希望上市公司能够及时派发股息，但考虑到自身的财产安全问题，也会支持企业少发或停发股息，这会影响股票在市场上的价格。税负的征收也会影响股市，比如说国家出台扶植某类行业的减税政策，无形当中使这些企业增加了收益，进而造成股票价格上升。

投资问答录

问：专家您好，我今年快40岁了，收入算是中等水平，家里有一部分闲置资金想投入到股市上，不知道选择什么样类型的股票比较合适，您能否给我一个合理的建议？

答：您好！这个问题有不少投资者咨询过，由于受到年龄、风险偏好、个人兴趣、心理等多种因素的影响，投资股票的类型也不相同。

通过对你个人情况的介绍我进行了分析，你闲置资金的流动性比较大，需要变现的可能性多，建议你选择股市上的支柱型股票，如一些国有的银行股、钢铁股，买入的时间应该在股市平稳的时期，这样风险比较小，而且易于变现。建议获利即可卖出，不要盲目追高，经常关注所投资股票相关产业信息，及时作出调整。最后提醒你“股市有风险，入市须谨慎。”

第三章

要遵循投资规律，注重能力的提高

切忌在投资中感情用事

曾经有一位投资学家说过，“投资其实就是一项考验心理的战争。”这就充分说明了一个问题，心理因素对投资起到了至关重要的作用。

《孙子兵法》中有句话，说：“主不可以怒而兴师，将不可以愠而致战。”《三国演义》中的刘备因为二弟关羽被杀勃然大怒，负气发兵攻打孙权，结果被陆逊火烧连营七百里，最后只能在白帝城托孤于诸葛亮，一代英豪因动气而殒命。投资也是如此，不能在投资中感情用事。

当年威名赫赫的比尔·米勒曾被彼得·林奇默许为接班人，他曾连续数十年的预测在标准普尔指数之上，但是这个荣誉由于他的一时冲动而被毁掉。当美国次贷危机开始席卷金融市场时，比尔·米勒却坚信自己能从中渔利，从认为有前途的股票里挑选了几家大的上市公司的股票不断买入，这些股票每天出现暴跌，他认为投资者恐慌大为夸张，还坚持自己的观点连续买入，最终这次的金融危机让他遭受了极大的损失。

受国际形势的影响，股市的波动幅度越来越大，投资者很可能迷失方向。而对于基金的投资者来讲，此时卖出比买入更加难以抉择，尤其你了解了某种基金以后，一厢情愿地持有状态非常不好的基金，而且持有时间越长，付出的关切越大，最后可能这些基金一点起色也没有。

著名的投资大师安东尼·波顿是这样告诫投资者的，“不要跟股票谈恋爱”。在以投资长线的目标下，应该养成仔细分析、合理适时划分的好习惯，不要失去理性，不能对它“情有独钟”，爱屋及乌，这样会无法看出其中的缺陷。

有哪些能够摆脱情感束缚的方法呢？在投资过程中，要明确个人的投资时间、投资金额以及获利范围，认真分析其内在价值，而且要冷静不带有感情色彩地看待投资的产品，哪怕这种产品曾经非常辉煌，成绩喜人。必须明确的一点是，成长的轨迹会不断地变化，未来经济的走势还都是不能明确的认知。过往的业绩不过是考虑的指标之一，关键是找到适合自己实际情况的投资目标。

在市场上的厮杀只是投资中的一部分，还有心理上自己与自己之间的思想斗争。公开的交易是情感上的一场斗争，每个投资者每天至少花费6个半小时关注行情的变化，你在这个时间段都会发现自己的长处与不足，而市场行情的变化不会因为投资者情况的不同而区分对待。不管你在投资领域的时间有多长，当你犯错的时候，你就会痛苦；当你发现自己是对的，就感觉有一个很大的光环围绕着你。

我们经常说，赔钱虽然是件痛苦的事，其实也是对个人的历练，可以让你明白自己的哪些方法行不通。赔钱的滋味非常难受，只要损失程度不大，能够及时止损，争取把风险控制在自己可控的范围之内，这样就可以减少损失。世界上没有从不犯错的人。

事实上，提供投资决策的是心而不是大脑。当我们和伴侣发生了争吵，就决定卖掉涨势非常良好的投资产品来调整一下心情；或者我们对某种股票产生厌烦心理，就把目光集中到那些杠杆率高的投资项目上捞一把；再者当我们感觉是策略失误时，就把资金增加投入到投资中，希望涨幅不大就可以挽回损失。根据我们的经验，这样的心理状态只会使你蒙受损失，不会有好的结果。

投资问答录

问：专家您好，许多人说“投资就是看心理状态”，那么请问您什么样的心理不适合投资，什么样的心理适合投资，我想知道我属于哪种状态？

答：这位先生您好。在西方经济学中，有一本书是专门讲投资心理学的，书中内容涵盖了许多投资者心理活动的分析，那么现在我要通过描述几种类型，来说明心态对投资的重要性。

比如说，感情过于丰富、优柔寡断、缺乏耐心、做事情马马虎虎的，这几种人在投资中都是大忌。他们的共同投资弱势是缺乏主见，做事情畏首畏尾，没有恒心研究股票，这几种类型的人都不适合风险大的投资。

如果心态较好，有闲置资金，能够合理配置投资产品，没有贪婪的欲望，这一类人比较适合回报较高的投资。

分析、学习历史经验

古语有云："以镜为鉴，可正衣冠；以人为鉴，可明得失；以史为鉴，可知兴替。"史书上记载和解释了许多人类社会发展的具体过程和其规律性，而历史的发展指一切事物和时间的推移过程。

学史明智

作为一名投资者，历史上曾经发生的很多事情都值得我们去研究。中国的改革开放发展中资本市场的成长不过十几年，其中却经历很多刻骨铭心的大事，发生的曲折可以为投资者提供一些有益的借鉴和参考。欧美资本市场的发展经过了将近两个世纪，中国与其相比，就像是刚出生的婴儿。欧美资本市场走到今日的坎坷历程可以成为资本世界的一部历史，也可能会重现在中国的资本市场上，分析借鉴它们的发展历史对于判断中国的经济市场未来的走向有着重要的指导作用。

那些被世界公认的投资大师，他们多年的投资经验已经著书立传，阅读这些书籍也对中国的投资者很有帮助，比如约翰·S·戈登曾出版的《伟大的博弈》一书，完整地叙述了从20世纪50年代到本世纪初发生在华尔街的故事，可以说是美国资本市场历史的鸿篇巨作。虽然，我国现行的经济体制和西方国家的经济体制区别非常大，资本市场的轨迹方向不同，但是，通过阅读投资大师的著作，了解发生过的一些著名事件和一些体制规范，有助于投资者开阔眼界。在有限的生命里，历史的转变不会再次重现，但历史留下的痕迹，值得我们去追寻去探求。

牢记历史的经验教训

“历史能够给我们的教训，就是我们从来不接受历史的教训。”这是一句奇怪的投资界的名言，相信研究过投资理财历史的人都会感触颇多。从 2005 年年底开始的中国股市的大牛市中，以钢铁金属板块的大涨开始，随后银行、房地产、军工制造、航天科技、能源等各类股票不断上涨，股票价格指数连续创出新的高点，令很多投资者唏嘘不已。这只股票我买过，赚了一点钱我就卖了，如果不平仓的话我已经挣够百万了。或者是这只基金我曾经买过，但刚买不到 1 个月，看它的走势不好，还亏钱就割肉了，没想到它居然翻倍了，比现在持有的基金表现好很多……这说明了投资者在股市兴旺时“持股”坚定非常重要，而基金属于一个成长型的投资品种，不能因为短时间的表现去判断好坏，捡了芝麻丢了西瓜就不划算了。

但“好了伤疤忘了疼”的这种毛病很不好改，受不了贪婪心的鼓动进行频繁的买进卖出，因此“总想吃后悔药”的事情经常发生。牢记历史并接受历史教训是投资者应该笃信的人生准则。一些人经常是在同一个地方摔倒，爬起之后却又摔倒。究其根源是没有吸取历史的教训，如果轻视历史的告诫，将过去的事情抛之脑后，可能还会犯相同的错误。这句话适合每件事、每个人。

历史不是简单的重复

除了铭记历史的教训以外，把握科学历史唯物主义哲学观也是不可或缺的。“人永远不可能两次踏入同一条河流”，纵观历史的变化发展，虽然每件事情都有规律可以参考，但是规律不是机械性的重复。当历史重演的时候，新的变化在所难免，就需要我们把握具体情况去研究、去探索，这样才能充分做到观古看今。对于投资理财，道理其实也是相同的，投资者的任何一次的赢利或亏损都会成为投资道路上的历史，这些失败或者胜利的投资事情共同形成了自己的投资历史。作为一个有观察能力的投资人都需要通过研究自己的投资经历，做一个成功的总结，汲取失败的教训，让自己的投资道路走得更加圆满。

学习别人的成功经验的同时应该学会结合自身的实际情况，也是获取成功的不二法门。资本市场上投资大师的成功经验都值得我们赞叹，可能这些大师是由于环境的变化而产生的——与其所处的历史经济环境有莫大联系，但一定程度上也可能是大师造就了历史——由于这些人的存在，推进甚至改变了历史发展的轨迹。我们应该仔细地加以借鉴，从中汲取营养，再联系自身的实际情况，这样才能交上一份完美的投资答卷。

投资问答录

问：专家您好，听到您讲的关于借鉴历史的投资知识非常感兴趣，那么请问您，历史的发展不会重复，我们怎样把握历史给我们留下的规律呢？

答：这个问题问得非常到位，投资的历史非常易于观察，那么其中的规律怎么把握，这就成为广大投资者比较关心的问题。投资历史的发展，可以说是有迹可循。每一次的股市资本市场的波动都是与当时的经济发展状态密不可分的，要抓住规律的关键就是分析当时的历史经济条件。当时经济发展状态的表象会形成相关的数据出现在资本市场中，这就是为什么股市被称为“经济晴雨表”的原因。我们不妨回顾一下历史，从经济萧条到经济复苏，每次股票市场都把经济状况表现得淋漓尽致。

所以投资者要想把握历史规律，即必须关注经济形势的走向，就会有所领悟。

良好的投资习惯与执行力的培养

下定决心做一个理财规划

大部分人认为理财就是勒紧裤腰带，进而联想到理财会影响自己的生活水平和情操的陶冶。理财可能会让我们失去生活中的乐趣和品质吗？答案一定是否定的，而且合理的理财规划还会为你带来丰厚的回报。理财其实并不难，只是人们自己过于担忧罢了，而难的是得让自己有充足的勇气理财。如果你一直排斥理财，终将面临个人账务混乱的景象，只有给自己鼓足勇气去理财，才可以说是离成功理财又近了一步。

有定量的财务账目

鼓起勇气自己管理账务，把财务与债务独立起来。这里所说的就是把负债和收入分开管理，两者的独立状态是其理财实际意义上的第一步。

恶性负债就是指我们无法管理操作的债务，例如生病、自然灾害、车祸等，这些都属于恶性负债。所以，财务独立的防卫工作就是买一份保障生命健康的保险，这样才能将意外的损失让保险公司为你“埋单”，让你的投资变得无忧无虑。

有效地控制良性负债

良性负债就是自己可以调整的负债，比如吃饭、娱乐唱歌、抚养子女、房屋贷款及汽车贷款等，这些都是能够调节的负债。对于刚刚上班的新人来说，工作最初几年的生活方式直接影响未来的生活状况。例如在外地工作的人住房需要付租金，平常花钱又大手大脚，可以说是“月光族”，甚至有时还要向别人借钱生活哪会有钱进行投资呢；而那些住在家里、吃饭相对简单的人，每个月的剩余资金比较充裕，他们会拿出大部分积蓄从事投资。聪明的投资者对良性负债的控制非常到位。

闲置资金从事理性的投资

理性投资指的是“投资人了解所欲投资标的的内涵与其合理报酬后，所进行的投资行为”。强调理性投资的重要性是因为非理性的投资可能会造成严重的损失。

学习理财投资

你可能想到把闲置资金交给专家才最稳当，这相当好！让专家为你理财非常正确。交给之前还有些问题要考虑，这个专家是否能够把你的资金的利润实现最大化，是否能够确保资金的安全性。如果对这些事情还没有充足的信心，为何不让自己精通理财呢？

西方著名的经济学家莱斯特·梭罗说：“懂得用知识的人最富有。”本世纪贫富差距的重要因素就是能否掌握先进的知识和技术。因此，无论你的理财是否交给理财专家，自己应该还是多熟悉一些理财的专业知识，因为这些知识可以带领你走出一些投资误区，避免你辛辛苦苦攒下的钱因为投资失误造成血本无归。

有一个完整的理财计划和收益目标

理财计划的设定应该是有具体数字的，目标的成功是在你的能力范围内的。说得通俗一些，就是请你做一下每月余额的预算，要选择自己的投资收益率，多长时间可以完成目标。因此，建议你做投资的第一份计划应该宽泛一些，设定的时间段不应该太短，至少达到两年。当第一个计划得以实现的时候，就可以制订一个难度比较大一些、花费时间更长一些的计划目标。

投资习惯的培养

理财的实现要成为日常生活的一部分，如果不把其作为一种习惯进行培养，很可能造成计划的中断。俗话说万事开头难。一般情况下目标的最初设定，只是因为自己的头脑一热，希望在最短时间里实现利润的最大化，马上改变个人的经济状况。但你忽视一点：初期理财的成效，是不可能立马见效的。经过一段时间的过度，你对理财的激情远远低于目标设定的初期，在认知上产生偏差，导致原来的目标很难得以实现，因此丧失了一次个人成功的机会。

有规律的检查

不管做什么事，懂得经济学的人都考虑在事前、事中、事后的观察和应对策略。由于经过细致思考后的施行，才可能保证理财计划按照预计的轨迹前进；如果不是，在最短时间内发现，及时作出调整。投资理财是关乎家庭生计的大事，不可疏忽大意。

设定理财目标，将计划分步骤进行，就是投资前的控制。做到花的每笔钱都有账可查就是对理财运行中的控制。经由你每一次的记录，就可以明细每一笔钱的运行情况。事后的控制是指一段时间的理财计划完成后做一个记录总结，也是下一个投资规划的有价值的参考。

投资问答录

问：专家您好，投资计划设定的周期有什么不同的地方，我总觉得过长的计划难以实现，做一些眼前的计划还是比较符合实际需求，应该怎样做好短期目标的计划呢？

答：提到目标的时间设定问题其实很简单。多长的时间比较合理，其实也是因人而异的。性格的不同，周期目标的选择也不同。你提到要做一些短周期的计划也未尝不可。短期目标的准确性比较弱，但灵活性比较强。设定短期目标的基础是明确单个目标的单个收益。

短期目标计划的利润预期不应该过高，因为过高的收益在短期内是无法完成的，而且风险比较大。短期目标其实也可以分步进行，几个短期的收益组合也可以组成一个长期的投资计划，方向更加明确，可控制性更强。

分清理财与投资的区别

很多人都知道“你不理财，财不理你”。业内人也曾表示：“理财是每个人都必须要做的，而投资则是在理好财的基础（有闲置资金）上再做的。你如果不先理财，你就不可能有机会有资金去做投资。”事实上，即使开始理财，财也未必会理你，如果盲目投资理财，最后的结果不但不能让财富增值，反而会损失本金。专家提醒，投资和理财是两个完全不同的概念。

在当今这个迅速发展的时代，赚钱的手段与工具也越来越多，那如何对理财和投资进行区分呢？投资通俗的说就是用钱去赚钱，而理财是把钱进行合理的安排获得更好的回报。从时间段上来讲，投资追求短期收益而理财追求长期收益。从出发点上来讲，投资比较看重的是回报而理财看重稳定。

投资的优点在于很快就可以赚到今天的钱，理财的优势是可以长期拥有这笔钱，投资的不足就是风险高，理财的劣势是收益率低。因为投资是有一定风险的，所以将要投资之前，要做好储备，这个储备就可以称之为理财。比如说分红保险就是一种理财产品，它没有投资那样的高利润，但可以保证你的收入稳定，尤其是在你投资出现问题的时候，它可以帮助你摆脱困境。保险是理财而不是投资，保险不会马上看到效果，但它可以有效的防范风险。如果你将要进行投资，同时就需要理财。你可以不投资，但是理财是不可缺少的。

投资，是将现有的资金投入到一种马上可以带来效益的研发产品或是技术；而理财，是将现有的财物分配到最合理的一种状态。

理财的概念比投资要广泛一些，普通人一般都可以进行理财，如选择廉价的商品、将资金存入银行、购买基金、保险等等。可以理财的人不一定会投资，而会投资的人就必须知道如何理财，理财可以说是一个人基本素质。一个家庭进行资产分配都可以说是理财。

从投资与理财市场的发展情况来看，投资与理财之间有很多的区别。

投资与理财的最终目的不同。一般来说，投资是财务进行投入让其增值、超值，其目的就是为了获得高额利润，投资比较看重的是资金的流动性和收益率。理财的第一目的不是为了赚钱，而是将人们的支出和消费进行合理的分配，以达到财务安全、生活无忧，也不是单纯的为了能够保值。

投资与理财的实施过程不同。在制定和实施理财方案的时候，不仅需要对市场的情况进行考虑，还需要对家庭个人等方面进行考虑，甚至还需要要对理财者的实际情况和性格特征进行了解。在投资的决策中，一般要考虑到市场的走向和变动，最为主要的是考虑收益率，不会过多的对个人的实际要求进行分析。

投资与理财的结果往往不一样。通常，投资的结果是可以获得丰厚的收益，并实现了资产的保值与增值，但是也会承受相对的损失。理财就是根据自身的实际情况，可以让我们未来的生活变得更好，提高生活质量，家庭成员的生活更加的快乐。

投资与理财涵盖的范围不同。具体来说，个人以及家庭的投资渠道一般为：资本市场上的金融产品或是实际市场的资产，如房地产、邮票、金银珠宝、古玩，或者是投资实业，而理财的范围更加的宽泛一些，包括个人与家庭收入等收支的方方面面。

对于理财与投资之间的区别，有专家解释说，理财可以说是一种战略，注重的是对资产的布局，通过对各类资产的协调，可以得到家庭资产的协调发展；投资可以称之为运用战略，是对理财规划具体的执行，仅仅是投资与理财的一小部分。而在一般的划分之中，将财产进行有计划的分配，让资产稳定发展的就称作理财；而谈及投资的时候，收益虽然丰厚，但是伴随着很高的风险。

投资问答录

问：请问专家，我们如何在投资与理财中进行选择，是否只能单一地选择？

答：作为普通的居民，你的风险承受能力有限，我建议主要以家庭理财为主，做一个低风险、收益稳健的理财计划，这样会有效地增加收入，不建议做高风险的投资项目。尤其是年纪偏大的居民，不要轻信高收益、低风险的投资广告。

当然了，有条件的居民也可以进行投资活动。前提是利用手中的闲置资金，投资计划不会对正常的生活有所影响，还要在投资之前向专家咨询。

价值规律与投资

“反者道之动，弱者道之用。”这句名言可能是老子为投资者留下的最有价值的一句话，这句话阐明了价值规律的真谛。在资本市场中，我们所讲到的价值规律运动地轨迹有“大、逝、远、反”四个特征，即价值规律都无可避免，无论是市场上的运作还是政策的导向，都不由自主地受到它的影响。跟随价值规律进行运作，就会产生事半功倍的效果，不按照价值规律进行，必然会受到损失。

价值规律的表现形式就是在不断地运动中，通过价格的波动变化，通过各种现象、动态透露出来，有比较合理的现象，也有比较不合理的现象；价值规律的使用形式非常广泛，只有抓住规律，发挥规律的特性，当市场到达最高峰，才会出现“反”方向的运行。只有国际资本、国家资本、机构资本和居民资本四方力量作用力的平衡状态在某种外力作用下被打破时，出现新的作用力，相反的行情才会出现。

我国古代的经典之作《老子》中说，世间有形而最柔弱的就是水，但水却能够克制最坚硬的东西。这种圆通变化的思想如果运用在资本市场上，依据价值规律进行投资，就能通过顺势而为达到目标。为此，投资者应该按照这三种规律进行投资：首先，谦卑不骄傲，用谦卑的态度面对市场动态，达成投资目标。只有谦卑的人，才能发现与其内心相同的潜力股，因为物以类聚，人以群分，人的品德如何，就会挑选什么样的公司股票进行投资。其次，利用“不争之德”，获利之后马上离场。“不争之德”在资本市场的表现，就是在股票价格出现背离泡沫涌现的时候，投资者不会继续持有股票，而是见好就收抛出持有的股票，再去市场寻找那些业绩突出被市场低估的潜力股票进行投资。最后，达到上善若水的心境。虽然已经获取利润，也不可居功自傲，而是根据正常思维的变化，跟随市场的动态而选择，占据最安全最易洞察的位置。

对于投资者追寻规律的首要条件，以及要想做到完美的实现投资目标，还应该做好以下几方面：第一，当环境不适宜发展的时候应该顺应规律，不能做出抵抗，通过时间的组合不同达到空间功能的最大效力。即伺机而动，不是逆流而上，利用“弱者道之用”的思想，保持低调而顺规律而行，寻找、把握最佳的投资时机。第二，要能够有一个情景模拟的能力。通过对情景的假设，谋划并设计以后可能出现的方案，减少麻烦，顺时而变，适时出手。第三，要为家庭做好保险投资和基础保障，防止一系列非人为因素而产生的对家庭的冲击，投资过程中更要做好风险的转嫁。为家人买一些保险与社会保障，不要让家人因风险而受苦，这是家庭保障的第一要求。在投资过程中，也应当防患于未然做好止损工作，其方法是可以通过金融衍生品的对冲交易，防止单层面的打击，最好保证预期收益

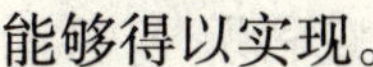

能够得以实现。

投资问答录

问：请问专家，价值规律的具体表现是什么样的，它对市场影响有多大，我们怎样掌握这个规律？

答：价值规律指的是商品的价格围绕价值上下波动，这个简单的现象被称为价值规律。价值规律的核心是商品的内在价值。比如说股市上的股票价格，它的价格形成也是受到红利分成的影响而变化，每股分多少红利，就表明股票的内在价值的派发能力。

掌握价值规律的关键就是看价值的内在程度，供求只是其中影响因素之一。我们核算股票的内在价格应该从公司的营运实力考虑，自然就能发现其中的不同之处。作为投资者，应能够跟随趋势把握趋势就一定会有所收获。

一生的理财规划与生命周期

曾经有人说过，人生就好比是一年的四季，给我们呈现了一个完美的生命周期。虽说“钱财乃是身外之物”，但人们经历的每一个阶段都需要花费金钱。

在人生的不同阶段，我们所做出的理财设想、理财目标、理财心境都是有所区别的。明白这几点，我们就可“照本宣科”到资本市场上去寻找符合自己标准的理财方式和品种，以达到自己的目标。由此可知，理财应该有一个长远的打算，并仔细地安排未来。

因为人类各个生命周期呈现的状态不同以及所处环境的不同，导致了每个人的财务状况不同，青年人、中年人和老年人的收入状况与消费的标准差异很大，那怎样才能规划好人生的财务呢？

从宏观经济学角度看，人的生命历程可以视为一个人力资本转化为金融资本的过程，虽然每个人的境况不同，但生命周期的轨迹都是由少年时期、青年时期、中年时期和老年时期这几个阶段组成。

那么我们就从进入社会初期阶段说起，一直说到退休的年龄。

比如说那些刚刚踏出大学校园的大学生，年龄在21~25岁的未婚男女，工资收入比较低，挣的永远没有花的多，风险承受力较低，很少有适合的投资机会。对于他们来说，经常接触到的金融业务也就是转账、汇款等，或者是信用卡的办理，也有助学贷款、消费品的购买等需求。

下一个阶段是指年龄处于26~30岁的未婚或者结婚未育人士。经过一段时间的积累，工资收入开始逐渐增加，生活节奏也开始逐渐趋向平稳，这个年龄段的人风险承受能力提高，开始注重投资和理财的收益，具有强烈的资产增值愿望，信用卡超预期的消费频繁，各种贷款开始增多，比如房屋贷款、购车贷款等。在这个阶段如果你能够养成良好的投资习惯未尝不是一件好事，比如26岁的人每月节省出300元用于投资股票型基金，不考虑市场变动因素，年收益率7%，那么到70岁的时候，排除其他花费，他的资产额度可能已经达到80多万元，而他的总投资额度不超过15万元。从工作稳定到成家立业时，经济的支出和结余、生活的消费都趋于平稳，对人生的未来规划也越来越明朗，这时候的人们通常面临老人和孩子的双重负担，但是此时人们已经具有了较强的抗风险能力，投资的品种也多样化。这时会有安定下来的打算，将房子作为一种抗通货膨胀的手段，同时会考虑子女教育费用的支出，为他们的教育准备一个稳健的投资增值计划，甚至会买一份关于教育基金类的理财产品。

下一个阶段是人生的不惑之年，子女已经长大成人，家庭的发展已经比较成熟，自身的工作能力、经济状况都已经达到了人生的一定高度。这一阶段的人们，一般的投资都会比较稳健，抗风险能力是最强的，对风险的关注度也比较大，他们会参与外汇的对冲买卖，在银行储蓄和债券市场开始活动，也参与股票市场的交易，也可能发展不同的事业，此时的保险支出也逐渐加大，因为随着年龄的增加，生命健康保险的费率也会增加。

当人们步入退休的年龄开始享受人生的成果时，大多数人会将自己存下的钱取出支付日常开销，此时的人承受风险的能力逐渐降低，比较关注投资的风险程度，大多数采用保守型投资的方法理财。一般会将资产存入银行做长期的储蓄，投资的比重里，债券的持有量可以增加一些，也可以选择变现灵活的开放式基金，适宜风险相对较低的投资产品。

从生命的周期看，单从收益的回报来讲，做长期理财计划的收益还是相当可观的。按照经济学界著名的“72 原则”，如果你有 8 万元人民币，假设你投资的产品的年利率为 6%，那么大致 9 年后 8 万元就会变成 16 万元。最后，我们要说的是，提早做生命周期不同阶段的理财规划是生活幸福的重要步骤。

投资问答录

问：请问专家，自己的人生理财可以做一个合理的规划，那么自己的子女怎样从小给他们做好规划呢？

答：很多家长都考虑过这个问题，可以先为孩子做一个教育基金的储蓄，因为孩子未来的发展方向具有不确定性，我们应该从理财、保险、教育培训等角度作出合理的安排。首先，为孩子投保一个成长教育险是必须的，因为孩子对外界的风险应对比较薄弱，我们为了防范风险，做一个预防是不可少的。如果不发生意外，本金还会返回，其实这也是理财规划的一种。其次，做一个教育成长基金，应对孩子在教育方面的支出。其特点是专款专用，避免拆东墙补西墙，做到及时有效地解决问题。这也为孩子未来的事业奠定了一个基础。只要提前做出准备就能够避免孩子的成长费用与家庭理财发生冲突，要有计划有目标地进行，让孩子能够安心学习。

投资理财的种类

随着我国经济的发展，人民生活水平的不断提高，家庭理财方式的不断变化，理财投资已经成为我们生活中比较关注的大事。家庭投资理财的目标是防范风险并稳定投资收益，达到资产保值、增值，能够抵御社会经济风险为目的。

家庭在选择投资品种过程中，往往会考虑到资产的收益与风险承受之间的比例，不同的领域投资方式不同，计划分配所投入的资金量也就不同。经济市场未开放之前，广大群众的唯一投资方式就是把钱存入银行，投资的概念在老百姓的大脑中只是“存钱生利息”。今天的居民可以不断购买奢侈品，个人可以支配的资金数目更是高达数万元，所以，新的投资产品模式逐渐会代替过去陈旧的投资产品模式。比如兴起的金融期货、实物现货等个人投资理财工具的不断演变，就造成了现代人理财组合的多样性。在众多的理财产品的选择中，能够及时调整家庭资金利用的不合理，选择适合自己的方式进行理性投资，这是个人理财投资的必然途径。

银行存款

对于普通居民来说，存款仍然是一种非常不错的理财方式。与其他理财方式比较，存款的优点是：期限可以调整、存取自由、收益率稳定、安全性高。居民决定进行储蓄存款后，只需要对储蓄的种类和期限作出选择。居民主要的选择是作活期存款还是作定期存款，在定期存款的期限选择上，是只存半年还是更长，这要看居民未来的结余和支出情况，以及对未来是否会出现更好的投资机会。

债券投资

债券的风险介于储蓄和股票之间，而利润较储蓄利息高，风险小于股票，对于能够支配较多的闲置资金、收入中等的家庭比较适合。债券具有期限固定、还本付息、可转让、收入稳定等特点，是风险承受能力不强的人比较易接受的选择。

股票投资

在一般的投资工具中，股票的回报收益是比较高的，尤其是从长时间看，任何一种公开上市的投资工具的回报都不可能比股票提供的报酬丰厚。股票是股份有限公司为筹集自有资本而发给股东的入股凭证，是代表股份资本所有权的证书和股东借以取得股息和红利的一种有价证券，股票的投资已经成为我国居民投资生活不可或缺的一部分。

基金投资

很多人想把资金投入到股市中，但是因为不具备相关的知识无法选择适合自己投资的股票，最明智的方法是委托投资专家做投资委托，最佳的方式就是选择基金。投资基金是指通过信托、契约或公司的形式发行基金证券，将众多的、不确定的社会闲散资金募集起来，形成一定规模的信托资产，交由专门机构的专业人员按照资产组合原则进行分散投资，取得收益后按出资比例分享的一种投资工具。与其他投资工具相比，基金投资的优势是专家管理、规模优势、分散风险、收益可观。家庭投资购买基金不仅风险小，也省时省事，是缺少时间和不具有专业知识家庭投资者最佳的投资工具。

期货投资

期货交易是指买卖双方交付一定数量的保证金，通过交易所进行，在将来某一特定的时间和地点交割某一特定品质、规格的商品的标准化合约的交易形式。期货交易分为商品期货和金融期货两大类，对期货交易的选择要谨慎行事。

保险投资

所谓保险，是指由保险公司按规定向投保人收取一定的保险费，建立专门的保险基金，采用契约形式，对投保人的意外损失和经济保障需要提供经济补偿的一种方法。保险不仅是一种事前的准备和事后的补救手段，同时也是一种投资行为。通过先期交纳的保险费也就是这项投资的初始投入后，投保人取得了索赔权利，一旦灾害事故发生或保障需要，就可以从保险公司取得经济补偿，即“投资收益”。保险投资具有一定的风险，只有当灾害或事故发生造成经济损失后才能取得经济赔偿，若保险期内没有发生有关情况，则保险投资全部损失。

家庭投资保险的险种主要有家庭财产保险和人身保险。目前，各大保险公司推出的投资连接或分红等品种，使得保险兼具投资和保障双重功能。保险投资在家庭投资活动中不是最重要的，但却是最必要的。

投资问答录

问：请问专家，在众多的投资模式中，家庭是选择其中的一种还是多种，应如何去选择？

答：根据自己的实际情况和承受风险能力的不同，是选择单一投资方式还是多种组合方式的关键。投资的比例关系同时受到家庭成员关系的影响而有所不同。风险的承担大致可以分成三种不同的类型。

第一种就是对风险承受能力非常差的人群。这一类人不适宜风险过高的投资，可以选择银行储蓄、国家债券等低风险的投资组合。

第二种是风险承受能力适中的人群。这一类人通常有一定的闲置资金，可以进行小份额的股票配置，购买一些基金，还可以做一些期货的对冲。

第三种是有风险特殊偏好的人群。这一类人勇于冒险，同时给自己流出了足够的资金作为日常开支。通常把一半资金投入股市，还有一部分做基金投资，还有少量的银行储蓄。

这三种类型的人都有一个共性，都会留出足够的日常开支，防患于未然。对市场行情把握不好的人，还是采取保守的储蓄和债券投资为好。

有价值的投资理财信息的挖掘

战场上有一句名言叫“知己知彼，百战不殆”，其实投资市场上也适用于这句话。不管投资者是多么的机敏，对投资知识多么的熟悉，如果信息资源不充足，就如同聋子一样。但是如果能充分整合信息资源，就会如虎添翼，投资的决策也就更明确。

现在有许多的投资机构为投资者提供各个方面的投资信息，信息量不断增加，只有做好资源信息整合才能发挥它们的作用。许多大的投资机构都在信息的发掘和采集上花费了大量的人力、物力。不要以为只有它们才能做到这一点，其实我们个人也可以进行资源的整合，作为广大的中小投资者来说，也可以进行相关资料的搜集与利用，只要投资者能够下工夫来整理调查，一定会获益良多。普通的投资者在对信息资源整合以后，应该对以下几个方面的信息进行分析。

市场宏观经济的走向

只要是与投资有关的项目，在某种程度上都会受到经济发展趋势的影响。经济发展周期出现的复苏、繁荣、通货膨胀、萧条以及我们国家的进出口贸易状况等，在一定程度上影响着有价证券、贵金属、汇率、房地产、基金等不同投资品种的价格走向。这些关于宏观经济发展的信息，在全球著名的金融杂志和金融频道上都会有及时详细的报道。理性的投资人应该及时对这些关于经济发展状况的报道进行分析整合，能够让自己对宏观经济政策有一个清楚的概念，以使我们清楚地知道，哪一种投资产品是处于兴旺还是处于衰落，什么样的投资产品在宏观经济的背景下会升值，什么样的产品比较有前景，什么样的产品会贬值或出现下跌。投资者能够熟悉地掌握这些信息，在投资时一定会游刃有余。

专家、专业投资机构的市场调查和报告

在熟悉宏观经济运行的趋势以后，普通投资者就可以做一个市场未来走势的判断：市场上各类投资品种未来是趋于兴盛还是处于低谷，我们可以分析某种贵金属的市场前景，还可以对一些专业机构的市场报告进行分析和整合。进行资本市场的投资，搜集某种投资产品信息，应该在以下方面做工作：

第一，基金公司的报告。有价证券的投资可以投资在各类基金上，基金投资的操作是由专业的基金经理人完成的，它的管理非常专业，基金经理人会在一定期限内向基金持有人发布投资研究报告。基金公司的投资虽然非常专业，但是投资者有可能会没有收益，甚至还会损失本金，而基金公司公布的分析报告却对信息整合会有所帮助。通过对市场资料的理性研究来作为我们的有效信息，它的价值就是有利于我们投资决策的制定。

第二，财经类报刊。报刊的股票市场版面中理财知识的信息内容包罗万象，市场动态、国家政策、公司运行的状况和股市大盘、外汇比例结构、国际黄金价格的近期动态等都在其中。报社和期刊社的工作人员具备的专业知识面迥异，投资人在信息选择过程中应该慎重，仔细发现其中有价值的信息，如果所有信息全部接受可能会导致自己决策的失误，进而造成不良损失。

第三，投资机构的专业人士。金融机构中的专业人士其优势在于专业和经验丰富，他们除了信息灵通以外，对市场的走势还会有专业研究。专业人士对未来经济走势的看法，对于普通投资人来说作用也是非常大的，但不能排除有的人利用自己的身份散布虚假信息，因此投资人也要对专业人士的可信度把好关。特别注意的是，现在金融机构的从业人员也是鱼龙混杂，投资人接收这些信息时应该仔细分析，避免听从虚假信息造成损失。

第四，图表分析。在以前的资本市场上进行图表分析让人非常头疼，因为那时候的价格走向图需要人工绘制，在科技大发展的今天，可以直接从投资软件和网络信息中看到。借助图表的分析，再加上各种资本市场应用的分析指标，投资人就会对未来的走势有一个明确的认知。如果投资者可以根据上述所说的制定投资分析表，就会从宏观经济的走向和个别的投资品种动态中轻松获得有价值的信息。

在投资市场上利用这些有效信息，投资一定会事半功倍。这就是“工欲善其事，必先利其器”的道理。

投资问答录

问：请问专家，因为现在许多电视台都推出了股评类财经节目，我收看了很久，每个节目给出的市场走势都不同，对未来市场判断各说其辞，我们又对投资知识了解不多，不知道谁说得比较正确，那么我们应该怎样去合理地收集市场有效信息呢？

答：您好！你提出的问题普遍存在，一些投资类电视栏目不具备专业水平，甚至请一些民间的投资人士进行市场分析，这些做法既不负责任也是非常不道德的。对于这个问题让许多投资者非常苦恼，更有人听信错误的信息而蒙受损失。

因此，我提出一些建议作为参考。对于那些有广告嫌疑的投资节目我们可以置之不理，对他们推荐的信息要采取慎重的态度。无论是多么著名的专家，他们也无法准确地预测市场下一阶段的行情，我们应该学习他们所说的专业知识，研究他们的市场判断方法。最后是信息的整合。信息整合最重要的是标注主要影响因素，排除市场中不存在的风险，然后把其他标注的信息整合起来，这就是普通投资者对于投资价值分析的有力运用。

第四章
要懂得运用投资的技巧

投资时机的把握与周期

世界上存在的任何事物都有其运动周期，比如说一年四季的变化。资本市场也不能避免。我国股市发展的历程才短短 18 年，应该说正处于生长发育阶段，它的发展速度很快。从资本运作角度来分析，我们普通的投资者可以从结构、市场环境、国家政策与个股的生命周期里发现投资机会。

从企业的周期把握投资契机

一个行业发展的状态与行业所处生命周期密不可分，某一企业所处生命周期的不同阶段，会阻碍或推动着企业未来的命运和走向。比如第二次工业革命以前，西方的马车制造业非常兴旺，然而到了今天，交通运输设备制造业已经到了产业周期中的稳定期了。这充分地表明，如果某个行业已经濒临倒闭，那么处于这个行业中的企业，无论它的实力多么雄厚，管理得多么完善，都不能避免走向衰落。也要注意到，产品的市场需求情况也影响着这个行业以后发展的空间，当产品数量减少的时候，短缺产品的行业最容易崛起新的亮点。

从行情的生命周期确定投资方式

当资本市场逐渐出现曙光，股市的光明时代则慢慢到来。这时我们普通的投资者在有效控制风险的情况下，应调整面对市场的态度，适应环境新变化发现理财技巧。投资者需要找到在未来投资市场发展过程中有可能催发出来的投资黑马或投资新类型，合理分配资金，选择适当时机进入投资市场。

当大盘发展到上涨的持续期，股市发展到持续上扬的状态，投资者应当在一定范围内追高，另一方面不要急于出手股票。选股的时候应该注重股票的板块、资金的流入状况、选择的行业类型，要在那些强势股和龙头股中进行买入。

股票价格指数达到一定的高度，此时大盘虽然不断地冲高，但是市场的热情逐渐降低，买入付出的成本加大。股市一旦出现掉头趋势，说明股市已经快要见顶，投资风格比较稳健的投资者应适时地离开股市平仓出货，防范投资市场的风险。

从热点的生命周期确定投资时间

市场上出现的热点也是有其发展周期的。当这个热点刚刚萌发的时候，其股票价格比较低，如果投资者能够发现其潜在优势，以较低的价格买入，在这一热点被更多的投资者发现形成趋势时，这次的获利一定是非常可观的。但是，这时的股票也是最脆弱的，由于市场上风险的不确定性，有时增加了仓位，也不一定能保证收益，更不能确定其所在板块和题材会有良好的业绩。

最适合进入的时期是其发展的成长时期。这一时期股票价格上升比较平稳，受其他因素的影响比较小，因此也是获利的最好阶段。但是，在这个时期持股人长期等待心理是非常矛盾的，因为这些投资者选择的初衷是持有此股的收益是多少，如果已经达到了既定目标，就打算出仓获利，这其实是对热点股票投资的误解。选择热点股票不应该只在乎以前股票价格上升到多少，关键是以后还能有多大的上升空间。而在研究判断股票未来价格趋势的时候，就必须了解其位置支撑的条件是什么，热点的含义就是公司未来的方向和公司基本面的运作，还要关注是否有支持其上行的关键理由——题材。

从个别股票的生命周期确定投资策略

个别股票也有其周期的发展延续，从它的萌芽到发展成熟，到上行通道的终止，大致可以分成四个时期：萌芽期、发展期、成熟期、衰退期。由于个别股票所处生命周期的不同阶段，所以，股市的运作模式也不相同，所利用的投资模式也有一定的区别。

萌芽期。这一阶段的个别股票虽然不会被广大投资者认可，但会有不同的资金进入成为主力，这些主力建仓比较隐秘。这一时期投资者主要是寻找发展阶段的亮点，寻找潜力比较大的股票。

成长期。个别股票在这个时期的运动特征比较独特，与大盘的走势有差异，一般情况下是大盘普遍涨而这种个别股票表现平淡，而大盘出现大跌时这些股票非常坚挺。要对入场的火候进行把握，在合理的价格建仓持股。

成熟期。这一阶段的个别股票走势是多头大于空头而成交量平稳，股票价格依托大盘和均线不断。但是，值得关注的是，成交量随着价格的上升逐渐减少，资金的主力已经将这只股票控制住。这一时期应该持股观望不应再补仓，当股票的价格出现急速的拉升时，成交量有一个突然增加，这时投资者应该逐步地减少仓位做出局的准备。

衰退期。这个时候股票价格会有进一步的提升，此时的股票价格比初时股票价格提高近两倍。资金主力开始不断地将股票卖出，为了顺利地平仓出货，主力资金甚至开始制造虚假信息，引诱投资者高价接手。投资者在这一阶段应该果断卖出及时平仓。

投资问答录

问：请问专家，我今年30多岁了，每个月资金有一定的结余，最近朋友帮忙开设了一个股票账户，我也想在炒股中获利，我应该如何选择绩优股呢？

答：绩优股有一个非常良好的特性，就是在股市跌宕过程中，它的走势比较平稳，没有太多的跌幅，而在一定时间段的增长确实远远超过其他股票。这样的股票就是你要选的绩优股。

掌握投资“组合拳”

什么是投资组合？投资组合是指由投资人或金融机构所持有的股票、债券、衍生金融产品等组成的集合。组合投资的目的在于分散风险。

投资组合的含义至少有两种。第一种是在股票、债券和现金等各类资产之间的组合，即如何在不同的资产当中进行比例分配；第二种是债券的组合与股票的组合，即在同一个资产等级中选择哪几个品种的债券和哪几个品种的股票以及各自的权重是多少。

通过对投资组合的解释，大家对此也有了一些了解，下面用一个具体案例来分析，如何打出投资“组合拳”。

案例分析

刘先生夫妻二人都是典型的80后，刘先生今年31岁，月收入5000元，妻子的收入基本也是这个水平，医保社保都有。两人每个月扣除各项支出后还能剩5000元，去年年底还发了8万元奖金，现在手里有10多万元闲钱，不知道投资点什么能让手里的钱保值增值。另外，他们希望5年内再买一套房，还希望再帮助规划一下养老的目标该如何实现。

对此，我们认为：刘先生夫妻处于家庭形成期，收入较稳定，投资风险承受能力较强，家庭结余率较大。因此，对夫妻二人的投资我们有以下两点建议：

建议1：组合投资实现买房计划及养老目标

对于刘先生家庭的购房计划，我们的建议是，从现在算起的第五年，购买约100万元的三室一厅的新房。可以把手头上的流动资金10多万元投入到“混合型基金占60%+债券型基金占40%”的投资组合中（年收益率约为8%），到第五年大概可以筹得首付款。

对于养老目标，刘先生夫妻二人可以考虑每月定投1500元于“混合型基金占40%+债券型基金占60%”的投资组合中（年收益率约为6%），则25年后，刘先生夫妻可以得到一笔退休启动金，再加上社会保险的那部分退休养老金，可助刘先生夫妻度过幸福的晚年时光。

从投资品种的角度来说，刘先生夫妻现在的家庭收入不错，风险承受程度较高，可以考虑把年终奖8万元投入到股票市场，现阶段投资新能源、新材料、新技术等题材的股票，都是个不错的选择。

建议 2：可适当考虑投资蓝筹股基金

从目前的形势来看，2012 前三个季度市场的资金面应该不会有明显的改善，超大盘股票的上涨空间有限，而小盘股估值水平过高，市场反弹时涨幅难以扩大，所以投资中盘蓝筹股收益性较高。

中盘蓝筹股的业绩增长稳定，对于投资者来说现在正是逢低买入阶段，且中盘蓝筹股市场下跌空间有限，主要风险是中小板和创业板的“挤泡沫”。所以现在是布局蓝筹股的时机，刘先生家庭可以考虑投资中盘蓝筹股股票或者这些股票的基金，以及跌入价值底部的二线蓝筹股。

但需要提醒的是，在投资基金的时候要看清楚基金投资品种上是否覆盖较多的品种，而并不是单单的蓝筹股，这样可以较好地分散风险，当前也会有较高的收益率。

投资问答录

问：专家您好，我们是三口之家，我和妻子的年龄都是 33 岁，没有房车贷款压力，家庭年收入 25 万元，现在有闲置资金 50 万元，应该如何做基金组合投资呢？

答：您好！根据您的情况可参考“80 定律”，这个定律是指股票、偏股基金等权益类投资占总资产的合理比重，等于 80 减去年龄，再添上一个百分号。比如 35 岁适合用 45% 的资产投资股票，其风险在这个年龄段是可以接受的，而在 50 岁时投资股票的比例在 30% 为宜。

因此，根据你们的收入与年龄，投资偏股类基金的资金以不超过总资产的 45% ~50% 为宜，具体投资比例需要看您的理财目标和风险偏好，建议选取长期业绩稳健、风险控制能力较强的基金产品长期持有，其余资产可以投资于风险稍低的理财工具，如债券基金、银行理财产品、保险产品等。另外，由于投资量较大，可考虑投资品种的组合，以优化收益能力。

投资要看准市场

对于那些已经形成了自己完整投资操作体系的人来说，可能遇见过这样的情况：当一个非常难得的投资机会到来的时候，由于自己入局的时间过早，并且处在严重的深套困境中，导致心理出现偏差不能正确地面对。本来是非常难得的获利良机，因为心理的调整不当，错误地减仓止损。

假如出现股票卖出以后又不断上涨，加仓追涨时又因调整遭遇下跌。这种情况的出现，是因为各种媒体报端渲染股票价格创出历史新低是最佳的投资机会，此时投资者的心情也随着价格高涨，但出手的时机却是历史的高点；而在价格回调的时候，又因为心中恐惧而止损卖出，往往这时是价格的底部。

这种情况在投资市场上经常出现，令很多投资者蒙受损失。只不过有经验的投资者调节控制情绪的能力比较强，投资老手自我调节的能力更强，出现情绪失控的情况比较少。而没有经验的投资者因为抵受不住高额利润的诱惑，跌入这些表面很华丽的投资陷阱之中。

有经验的投资者不会出现投资观念的问题，在关注行情的同时也注意自我心态的调整；而缺乏投资经验的投资者出现这种情况，是基础技术的薄弱，然后才是观念的问题。所以对那些没有经验的人来说，最先解决的应该是弥补技术经验上的不足，至于投资观念的提升是学习基础技术以后的事。对投资人而言，对投资观念的培养比对投资技术的学习更加侧重的人，才能在长期投资中获取收益。

对于那些在金融市场上行走多年的投资者，特别是可以把多空对冲交易做得轻车熟路的人来说，一定会发现市场中的短期波段性获利的契机。但也让他们头疼的是，市场上形形色色的假消息陷阱很多。对那些风险控制能力不强的投资人来说，即便看准了出手的时机，也不一定能使自己的投资账户增加多少盈余，假如一旦跌入那些投资陷阱，则所受的损失可能是致命性的。所以，市场中获利的时机非常多但不可能让你一夜暴富，而市场中的经济陷阱却可以使投资人的钱一无所有。可见如何防范、控制投资市场的风险应该比发现市场上的机会还重要，这也是股神巴菲特投资的三大秘诀：保本，保本，还是保本！

对那些经过市场无数风险，培养出自己完善的投资观念和投资技术的投资者来说，他们会把控好获利的机会，绝不会让自己持有的绝大多数股票去接触市场上的随机风险。每日不断地买进卖出不断地调整仓位的投机者，正常情况下不可能在获利丰厚的投资人范围内，而那些宣传进行短线交易的市场人士也是在传播不正确的投资理念。

投资问答录

问：专家您好，我想知道的是技术操作与心态哪个比较重要？

答：您好！对于那些投资新手来说，掌握好操作技巧远比那些投资观念重要，并不是新手就可以不注重投资观念的培养，恰恰相反，其实投资观念是在学习操作技巧的基础上总结出来的，但是新手要把重点放在学习操作技巧上。而那些已经熟练掌握市场规律的投资者有自己完善的投资观念，远比熟练地掌握投资技巧重要多了，这个时期应该更注重观念的培养。

极少数的人只学投资观念而忽视技巧的重要性也是不可取的，很少有像巴菲特那样，能够具备良好的素质，关注上市公司的业绩。

投资出手要稳妥、要专心

一位熟练掌握投资技巧的投资者，即使每日不断地买进卖出，所获得的收益也不可能像长期投资那样多。即便是一部效率非常高可以飞速运转的机器，也会因磨损而报废。计算机全天不停地运转会令使用寿命减少，出现死机的状况，更不用说我们感性思维强烈的人了。没有人可以保证每天保持清醒头脑理性地去思考市场，故操作的次数越多，出错的概率就越多，投资的损失程度也会加大。那些提倡每日短线操作的人是在宣扬非常有害的投资理念。

喜欢快进快出的人士，基本上在投资市场无所作为，而且对市场宏观的走势难以看清，缺乏对市场走势的掌控能力。这种投机者不能正确地看待市场行情，在大行情下呈现病态。短线投机者在发掘投资的获利机会时，因为报以美好的幻想，对市场的观点常夹杂个人的感情色彩，所以很多时候从主观意识出发寻找市场机会却往往发现地都是陷阱。最完美的机会则需要以一种平常心态去寻找，当然，你首先应具备审视与把握获利机会的基本能力。

从市场需求变化中发现实业投资的诀窍是年轻人迅速积累财富的唯一出路；鼓励女性投资者应该参照自身具备的优势寻找合适的创业契机；投资理财需要专心致志而不是三心二意。

“理财”在某种情况下可以等同于“投资”的意思，并且不包含如何用资本达到最佳的优化配置的状态，毕竟作为普通居民完全没必要把本来数量不是很多的资金投入到不同的领域去。对于从专业角度讲投资就不同了，然而对普通大众来说，如果不变通的去寻找致富的窍门，则难以获得长期的安逸生活。

不做“出头鸟”，也不做“跟屁虫”

一位创业者决心“下海”后就做一些冷门的行业，当时考虑到，做的人少自然竞争压力也小，没竞争才可能使利润扩大化。然而几次的失败经历却告诉他，不少新行业确实涉足的人很少，但是认知的程度也比较低，因此，做第一个吃螃蟹的人是非常困难的，与我们快速致富的投资理念差距太大。

经历的多了，这位创业者逐渐地掌握了其中的门道：做“出头鸟”万万行不通，盲目“随大流”也是不可取的；选择那些发展起来的、已经有人获得过利润的行业，则是比较妥当的发展方向。

特别要注意一点，除非你对做生意很有天赋，要不然还是找那些涉足过的行业比较好。有的人比较精明，遇事冷静，适合在生意场上博弈；有的人学理科出身思维敏捷，适合参与一些创新技术的行业。

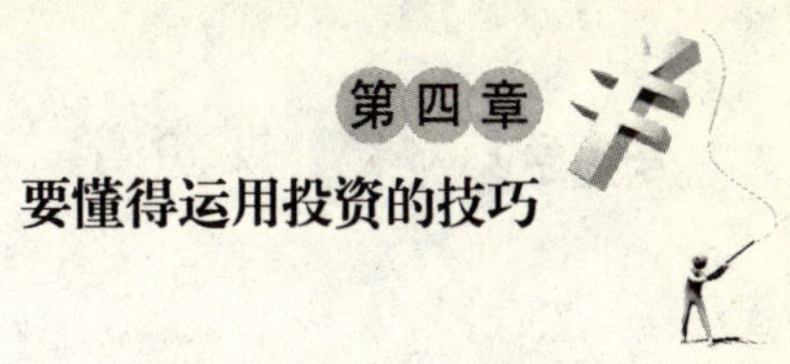

个人投资要专心

许多成功者的案例告诉我们，要想取得在创业阶段的成功，坚持是不可或缺的。做事情要始终如一，贯彻到最后。每个成功者的背后可能都是无数次失败，每次的失败都可能是为了下次的成功而准备。

假如说在创业的途中，没有能够由始至终贯彻一个观念，就不可能在事业上取得成功。有不少创业失败的例子，究其原因，都是因为没能走到最后，因为各种各样的原因放弃了原来坚持的理想。

许多人都知道，做资本运作的前期风险非常大，前期的计划不完整就可能满盘皆输。所以在投资的过程中必须要做到专心，而且要有狠劲，自己认为合理的并且在现实中行得通的就可以坚持。

投资问答录

问：请问专家，作为投资的新手，我们也希望能够找到一些投资的捷径，希望自己奋斗的历程能够短一些，但是现在涉足的领域不是太深，我是否可以重新选择？

答：寻找投资捷径的方法是多样性的，最保险的方式就是涉足自己熟悉的领域，甚至是自己感兴趣的行业。捷径的关键是时间的问题，所以最好是把时间放在那些有人投入过，并且有良好的收益的项目上。不要太过滞后，那些夕阳产业也是不可取的，因为其本身已经举步维艰了，如果再介入的话，对同行业是一个不小的竞争，也会让自己陷入困境。

选择适合自己的投资组合方式

不同年龄段的人对于理财所要达到的目的不同。我们可以通过对所处年龄段的分析找到适合自己的理财方式。

青年人要培养节约的习惯

不同年龄段的人，生活水平不一样，个人心理素质不一样，选择投资种类自然也是有区别的。有经验的理财专家都会这样告诉每一个投资者，适合自己才是最好的，千万不能看别人赚钱了就去做，而不考虑自己的实际情况。

青年人刚步入社会，收入一般不会太高，拥有的闲置资金有限，尤其是有购房、居住的花费，他们一般会把赚钱作为最重要的事来做。所以，年轻人最重要的理财方法是节约资金减少开支，要将赚钱放在后一位。

中年人可以把资金适量地投入到资本市场

比那些刚刚步入社会的青年人来说，结婚之后有一定经济基础的中年人，可以减少储蓄、国债等资金分配的数额，将目光放到回报率高的资本市场当中。建议增加基金和股票的份额，中年人的风险承受能力比较强，可以投入一些风险高的行业。

中年人的存款很大程度上属于闲置资金，可以尝试在资本市场的投资，如股票、基金。一定要注意仓位的控制程度，投入的资金量应该在30%～50%之间，像债券类的银行理财产品可以投入的少一些，剩余的资金作为流转资金。还可以投资那些流动性比较好的短期理财产品上，或者找有关专家进行分析，选择最适合自己的投资组合。

老年人平稳地理财

对于老年人来讲，资金安全是理财最为关键的。因为他们失去了继续赚钱的能力，所以养老才是最关键的问题。

在确保资金安全的情况下，可以做一些资金的投资组合。历史数据显示，我国CPI通货膨胀率的上升趋势明显，如果这样持续下去，老年人在做投资理财组合时，应该保证资金的收益增长率大于物价通货膨胀率，但是老年人在做储蓄和国债的时候，在资金配置过程中应该合理分配，也可以拿出一小部分资金做收益率较高的理财品种，比如说股票和基金，这样能够增加老年人的收益机会。特别应该注意的是投入的资金额不应太大，老年人切忌将那些高风险的投资品种作为主要的获取收益的方式，这样的做法不利于老年人的身心健康。

除此以外，老年人可以根据自身风险承受能力的情况，合理地选择那些银行推出的信托基金，对基金定投进行反向操作也是不错的选择。这些产品从目前市场的状况来看可信度还是比较高的。

投资问答录

问：专家您好，我的年龄段正处于中年时期，有一定数量的闲置资金可以进行投资，什么样的方式比较适合我？

答：这位朋友您好。处于这个年龄段的人有一定数量的资金闲置，但是数额不会太大，由于生活的风险不一样，所以应该选择那些流通性强的产品，换句话说就是把获利放在后一位。我建议你做一些基金定投，它的优点就是容易赎回、易兑换，而且收益率要比债券、银行储蓄高。最重要的是不用花太多的精力去关注它的涨跌幅，应对外来风险时，还可以及时兑成现金。

有时候不妨运用逆向思维

在前几年里，大家可能听过一个关于看自行车老太太挣钱的故事。

事情是这样的，某证券营业大厅炒股的股民几乎没有不赔钱的，让人感到诧异的是在营业大厅前看自行车的老太太炒股却赚了不少钱，于是就有很多人向老太太请教炒股的诀窍。她是这样说的，“门口的自行车就是炒股的风向标，自行车在营业厅前面出现的少，就说明股市不景气了，这个时候我就买入股票，一旦营业厅前面的自行车多了，每个人都抢着买股票的时候我就卖股票。”

这个故事讲了一个在股市利用逆向思维赚钱的例子。事实上，这位老太太的方法就是反其道而行。现在投资的渠道越来越多了，随之而来操作风险也越来越多，合理地利用逆向思维做投资理财，必定会给你不一样的收获。

舍掉安稳而寻求机会

目前我国居民的主要投资渠道还是以银行储蓄为主，储蓄仍然是百姓理财的主要渠道。它虽然具有风险低、稳定性高的特点，但是相比于当下不断变化的CPI指数，存款在这“负利率”的情况下，明显是不划算的。如此低的收益率在高物价水平下货币的贬值是显而易见的。因此，一些对新生事物感兴趣的青年人、中年人不如抛弃传统的储蓄这种保守的理财方式，去考虑有一定风险能够获得较高收益的投资方式。除了投资股票、买卖黄金、买卖期货、投资房产等投资方式以外，在银行就可以办理开放式基金、外汇买卖、分红定投基金等好几个品种，银行和投资机构还推出了保证赢利的投资产品，这些投资产品的收益率综合起来就会高于那些银行的储蓄收益率。还有值得关注的是，近年来金银币投资市场的走向也比较良好，作为预防通货膨胀的重要工具，也备受投资者的关注，通过对贵金属市场的了解，也可以在恰当的时间介入，在一个合理的价格卖出获得可观收益。

真理掌握在少数人手里，不走寻常路

经济市场上出现的“羊群效应”不胜枚举，看到别人做什么投资项目，不管自己是否可以参予其中，而是一股脑地进入，将资金都投入到投资的热情当中。比如说某家投资公司向大众推出了高额利息的集资业务，虽然没有办理公开的发售，但其高额的利息让人眼红，并且不少人已经获得了回报，通过大家不断地渲染，大众趋之若鹜地去办理，然而结果是这种高额利息的集资行为并不合法，甚至没有人去调查这个公司的具体业务是什么。这样的向别人看齐，蒙受损失的范围比较大，一旦公司无法兑现承诺，投资者就会出现亏损。而有的人能够独辟蹊径在投资方面持不同的见解，能发现那

些真正有潜力而并未被发掘的投资方式。比如说都在进行股票炒作，而有的人却在开放式基金上看出优势，在别人还没去发掘其优势的条件下去买入，获得的利润不一定比投资公司许诺的要少。但前提是得有自己独到的见解。

学会不随波逐流、坚持自己正确的投资观念，当获利机会来到的时候，注意把握分寸，找出最有利的时机进行操作。

分担资金与集中一点

在股市上投资者深信“不把鸡蛋放在一个篮子里”这句经济学名言，这样做确实能够达到分散和降低风险的目的，但是投资者一味地将资金分散开来，其获利的程度会大大降低。

举一个例子：

老王和老赵的投资风格都比较稳健，但老王是按照投资分散的方式进行投资，对投资方式的涉猎广泛，有一朋友以高额的利息向他借钱，他虽然知道风险比较大，但又怕失去这个获利的机会，他就按照分散投资风险的原则借了1万元给这个朋友，虽然它降低了风险，可是因为朋友的投资破产了，这1万元也就彻底地亏损了。尽管他在其他方面有所获利，可是算下来这一年的收益却为零。

老赵发现国家开始发行一种国债，这种国债的优点在于风险低，没有利息税，在临时支取的时候可以把钱按照利息取出来。看到这个优势，他将自己所有的积蓄投入到国债上面。老赵在享受投资带来的收益时，其所承担的风险却非常低。可想而知，稳健的投资者做“孤注一掷”时，已经知道了预期收益的安全性。

会花钱才会赚钱，节俭不一定有收获

《伊索寓言》中有一个吝啬富翁的故事：一位富翁将自己所有的金子藏在床底下，每周把金子拿出来看一看从中获得快乐，但是这

个秘密被小偷发现了，金子全部盗走，从此这个人郁郁寡欢，生不如死。邻居们来看望他，对事情经过进行了询问："你从来没花过这里面一分钱吧?"他回答："我每周会把它拿出来看看。"邻居劝慰他："你不去花掉它，它的存在还有价值吗?"

在当下也有像这位富翁这样的人，我们为什么理财，还不是因为可以提高自己以及家人的生活水平，如果现代人和这位富翁一样，把钱攥得死死的，不去投资消费，可能这种方法积攒的钱很多但攒下再多的钱也不能算是合理的规划资本。所以我们在做投资理财的时候，应该把消费放进去，在能够完善家庭支出的情况下，应该加大对子女教育、户外旅游、文化学习等方面的消费，只有把生活质量提高上去，才是最有价值的投资。

投资问答录

问：专家您好，前面的几个章节都表明了分散投资组合的优势，而现在又阐述关于分散投资组合的弊端，我们在投资过程中应该如何选择呢?

答：在选择投资模式上，应了解自己的投资习惯，稳健的人不防"孤注一掷"；而那些做事比较鲁莽的人应该对市场认真了解，学会把风险进行分散，保证合理的稳定性是最重要的。

在这篇文章中介绍的是逆向思维，其实就是让我们有自己的观点看法，在相同之处看到不同的点，把握好每一次的机会，发散思维，有时候奇思妙想也可以成为你的投资机会。特别注意的是，在投资市场上良好的投资理念，必须符合市场的走势。

第五章

要懂得储蓄投资

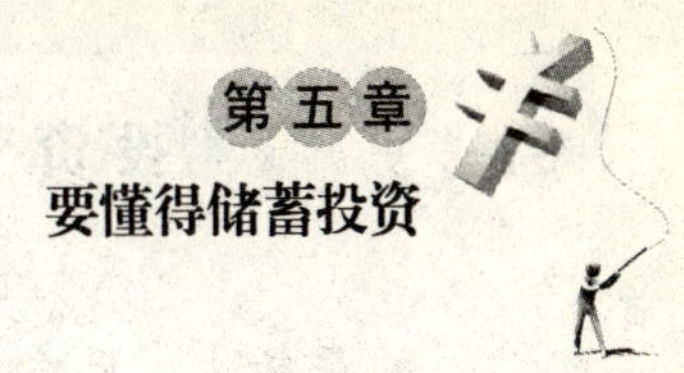

储蓄存取款时要注意核对信息

日常生活中，在银行办理存取款业务以后，你是否对单据进行过审核？不要以为银行总是正确的，俗话说得好“百密一疏”，银行的业务人员也可能会出错。

案例分析

有一天，陈某到市里的一个银行去存钱。陈某在业务办理窗口放入了20000元现金进行储蓄，银行的业务人员接过钱用点钞机核对，点钞机正确的显示是20000元，银行的业务人员又向陈某进行了确认。随后，业务员拿出一张存款单让陈某在上面签字，陈某没有仔细地检查就签上了名字。不大一会儿，业务人员把存折也递了出来。

回到家里以后，陈某的妻子范某拿过存折检查，总觉得不对劲，范某又仔细地核对了一遍，发现存折上的数目是2000元。

陈某马上返回银行，业务人员仔细地核对过存折和账单以后，又重新递出一份存单让陈某签字，并把18000元存在陈某的存折上，还向陈某道了歉。

在这件事情上，陈某还是比较幸运的。他能够及时地发现错误，钱没有受到损失。虽然说银行下班以后都会整合账目，如果有超出的金额，会进行查验，假如储户没有及时发现，银行也没有发现，那多余的款项就会被当作长期款处理。所以说，居民在存取现金的时候，应该仔细地核对存款单、存折等，取款时应该仔细点清数额，没有纰漏以后再离开柜台。如果储户发现数额不对，可以到银行进行查询，根据当地银行的规定进行补偿。

此外，储户在取款、汇款、刷卡消费的时候，同样要注意核对单据的数据。春晚上的一个小品大家都会熟知，赵本山与亲家有3万元的存款，赵本山在回来的时候发现有贫困学生上不起大学，心一软，决定捐款资助学生，没有想到多摁了一个零，居然把钱都捐了。虽然小品是虚构出来的，不是真实的案例，但是也提醒我们要注意单据填写。

投资问答录

问：请问专家，如果是银行的业务人员打错了取款单据，我索要出错的取款单，他却没有给我，业务员的做法有错吗？

答：一般情况下，取款凭证应该在取款人核对姓名、取款金额没有错误的情况才能签字。比如说你在有错误的但是还没有打印的单据上签了字，然后又发现了错误，那么，你这个业务可以冲销重做，可以重新打印取款单，然后让你确认签字。有错误的那张取款凭证和充账凭证将作为正确取款单的附件，有专门的审核人员进行审核。你只需看存折上的登记有无错误就可以了。所以业务员的做法是按照流程来进行的，并没有错。

储蓄中的风险与防范办法

在日常生活中，储蓄是一种最为稳健的理财方式，没有人会觉得储蓄是存在风险的。但是事实上，储蓄作为投资的一种方式，风险也是存在的，只是储蓄在投资领域的风险最小而已，所以经常被人们所忽略。储蓄的风险与其他种类投资风险有所不同，它的风险存在于不能获得预期的储蓄利息收入上，还有就是通货膨胀造成货币的贬值。

储蓄利息收入可能遭受的损失

不能获得预期的储蓄利息收入的原因主要是在两方面，一是存款的提前支取或者是过期未取；二是储蓄的类别选择不当。

按照银行储蓄的有关规定，定期存款存期内无论利率出现何种的变化，存款到期一律按存入当天的利率标准计算利息；如果把银行存款提前支取，利息将按照取款时当天的活期利息进行支付。换句话说，如果把钱存入银行以后，银行的定期存款利息调高了，或是还没有到取款日期，但是急需用钱需要尽快把钱取出来，利息的损失就是必然的。还要明确的是，如果定期储蓄到期以后还没有取出，且也没有登记到期转存，未支取的银行存款按照到期日的活期存款进行计算，利息损失将会非常大。

还有就是，储蓄的种类没有作出正确的选择导致利息的损失。选择存款储蓄的时候应该特别注意按照自身的情况进行储蓄。比如有一些储户总认为做储蓄组合太麻烦，为了支取方便，把大量的资金开办一个活期存款账户，觉得可以轻松地支取还可以持卡消费。但是存款利息损失可能在短时间的情况下没有显现，但是应该注意的是，活期存款的利率很低，如果存款时间长了利息的损失也会很大。

我们怎样才能保证利息收益，减少利息损失呢？

首先，要学会分析当下的经济走势。利率的升降与经济的发展之间是密不可分的，在日常生活中应该多关注一下经济新闻，这对利率的判断很有帮助。比如说现在的利率水平比较高，经济新闻也没有关于利率问题的报道，那么，银行在未来一段时间提升利率的可能性就不大，在这个时候的存款时间可以定长一点；如果经济形势有变化，就可以把存款时间定短一点。

其次，选择适合自己的储蓄类型。我们可以预见的是，种类不同则期限不同，其利率也是不相同的，期限比较长，利率水平也就比较高。但是不考虑自己的情况而选择长期的储蓄，如果未来需要用钱时，利息的损失将会非常大。所以说，在选择储蓄种类的时候，要根据自身的情况选择储蓄的时间，防止提前支取造成利息损失。

再次，如果有事情需要支取一部分的时候，可办理部分提前支取，没有提取的存款还可按原存单的存入日期、利率、到期日计算利息，这样做就减少了利息损失。但是，根据银行条例的规定，只有定期储蓄存款可以进行部分提前支取的业务，其他的品种无法办理这项业务。

最后，办理存单质押贷款。除了办理部分支取业务以外，定期存款还可以作抵押贷款，这种贷款是指借款人以贷款银行签发的未到期的个人本外币定期储蓄存单（也有银行办理与本行签订有保证承诺协议的其他金融机构开具的存单的抵押贷款）作为质押，从贷款银行取得一定金额贷款，并按期归还贷款本息的一种信用业务。

通货膨胀时期的储蓄损失

这种储蓄风险一般会发生在比较严重的通货膨胀时期，国家为了维护储户的利益，采取必要的方法，把利息提高到与物价涨幅同等的水平。

在出现严重的通货膨胀的时候，利息想要高于通货膨胀率是非常不现实的。对于年轻人来说，做储蓄理财时应尽量预防通货膨胀，把储蓄的损失降到最低的水平。

第一，不要随便将利息取出来。如果没有特别好的投资项目，不要把已经存入银行很久的存款取出来。虽然物价在不断上涨，但是银行还是会支付利息给储户。

第二，做不同投资项目收益大小的比较。即使发现高利润的投资机会，也不可以立即把钱取出来进行投资。这时应该做的就是把存款的利息收益与投资项目的收益进行比较，再进行投资方式的选择，以免得不偿失。

第三，要认真对待到期的存款。在发生通货膨胀时，对于已经到期的定期存款，一定要根据存款的利息收益率以及未来的利息走势，再结合自身的实际情况进行选择。年轻人特别要考虑自身的实际情况以及承受风险的能力。

如果当前的利率水平较高，未来利息可能会下调，可以选择继续转存为定期，因为利息收入是按照存款的日期计算的，在利率水平较高可能会下调的情况下，存入长期的存款可能会获得较高的利息收益。另一方面，如果存款时利率水平比较低，未来利率可能会上升，到期的存款可以投资其他收益较高的理财产品，或者寻找期限较短的储蓄，等待利息的上调。

第四，做实物投资。房地产、黄金这样的实物资产有利于保值增值。纸币的贬值是非常大的，但是实物贬值的概率非常小。投资实物也是不错的选择。

投资问答录

问：请问专家，当利率的走势发生变化时，应该如何处理？

答：利率的合理预测是非常重要的。例如当预测利率要走低时，可以在存期上选择存长期，这样即使利率开始走低，也能保证您的存款在未来一段时间内的高利率空间；同样的道理，如果预测利率要走高时，就应在存期上选择短期，这样可以最大限度地减少提前支取转存时造成的利息损失。

储蓄的重要性及其种类

对于大多数人来说，银行储蓄已经成为了人们生活中的一部分。储蓄不光让个人的财富得以增加，而且让一个人有了生活的方向感和稳定性，并为社会积累了财富。银行储蓄已经成为了我国居民最为普通的理财方式，同时也是有利于国家基本建设的好事。

银行储蓄可以规范个人的消费行为，养成有计划分配资金的良好习惯，一个储蓄计划可以让我们将资金有规律地存入银行，有条理、有目标地安排自己的收入和支出。在个人收入不变的情况下，尽量减少那些不必要的开支以及消费。

居民储蓄有利于国家，同时也有利于个人。一般情况下，人们把手里的钱安排好日常的生活以后，多少都会有一部分钱剩余下来。一方面，居民可以把这部分资金存到银行里，银行会把这些存款贷给那些需要投资的企业和个人手里，能让企业和个人获得充裕的资金进行投资和建设，推动整个社会的经济发展；另一方面，当消费品价格出现上涨时，人们可以把闲置资金存入银行，这个时候，银行也会提高利率，那么国家的政策就减少了民众在物价上涨时产生的损失，能够起到鼓励消费、安定人们生活的作用，而且大大降低了生产领域的风险。

个人理财的意识已经是深入人心了，但还有不少人没有意识到科学合理储蓄的重要性，错误地认为把财理好就可以了，与银行储蓄并无关联。事实上是理解有偏差，储蓄可以说是理财的根本，只有坚持合理的储蓄，才能保证理财计划的顺利进行。因此，采取科学合理的储蓄，也是理财规划的重要一步。

居民到银行去做存款储蓄是一件非常平常的事，但是大家对存款的类别知道的很少。这个问题不能不去关心，要去了解不同种类的存款方式，看使用哪种方式更有助于合理理财，可以获得最大的利息收益。在我们国家储蓄存款的方式主要有以下几种，它们各具优势，适合不同的投资者。

第一种是存本取息定期储蓄存款。一般 5000 元起存，分为 1 年、3 年、5 年期，到期一次支取本金，利息凭存单分期支取，可以一个月或几个月取息一次。如到取息日未取息，以后也可随时支取。

第二种是教育储蓄。教育储蓄具有免征利息税和利率较高的优势。但它的存取方式和存款额都有限制，并且只有学生到了非义务教育阶段才能适用，有一定的局限性。

第三种是活期储蓄存款。1 元起存，由储蓄银行发给存折或储蓄卡。这种方式最为方便，但利息最低。

第四种是零存整取定期储蓄存款。一般期限 5 年起存，存期分为 1 年、3 年、5 年期，存款金额每月由储户自定固定存额，每月存入一次，中途如有漏存，应在次月补存，未补存者，到期支取时按实存金额和实际存期计算利息。这种方式对每月有固定收入的人来说，是一种不错的储蓄方法。

第五种是整存整取的方式。存款的起存额一般是 50 元，存款的期限可以分为 3 个月、6 个月、1 年、2 年、3 年或者 5 年。资金一次性存入，商业银行出具存款单作为凭证，当存款到期的时候凭存单来支取本金和利息。这种储蓄方式比较适合有远期购物或投资的人。但如果提前支取的话，银行就会按照活期存款利率付息。

第六种是整存零取定期储蓄存款。一般 1000 元起存，本金一次存入，存期分 1 年、3 年、5 年期。支取期分为 1 个月、3 个月、6 个月一次，利息于期满结清时支取。

第七种是定活两便储蓄存款。按照储蓄的时间段可以分为：存期不满 3 个月的，存期满 3 个月以上不满 6 个月的，存期满 6 个月以上不满 1 年的，存期满 1 年以上的。在这四个时间段内存款的利息有不同的区别。它流动性强，又可以获得定期存款的高利率。

第八种是个人通知存款。人民币通知存款需一次性存入，支取可分一次或多次。不论实际存期多长，按存款人提前通知的期限长短划分为 1 天通知存款和 7 天通知存款两个品种，最低起存金额为 5 万元，最低支取金额为 5 万元。存款利率高于活期储蓄利率。存期灵活、支取方便，能获得较高收益，适用于大额、存取较频繁的存款。

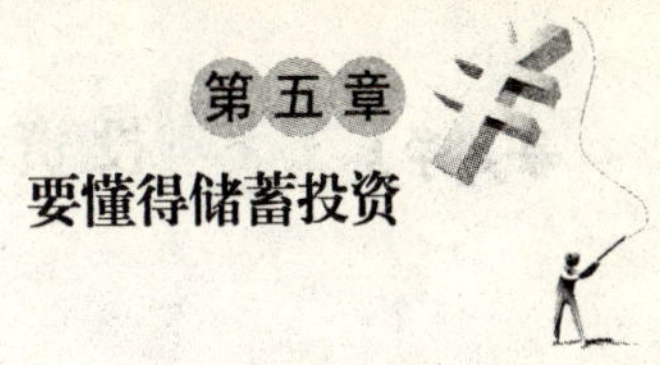

投资问答录

问：专家您好，怎样以最小的利息损失，可以保证存款的流动性?

答：这个很简单，现在就把常用的两种模式作一个分析，希望你从中可以获得帮助。

第一种，假如你持有5万元，可分别用5万元开设3个月、6个月、1年期直到3年期的定期储蓄存单各1份。半年后，可用到期的存款单开设1张1年期的存单，按照这个方法，3年后你持有的存单则全部为3年期的，到期的年限依次相差3个月到1年。这种储蓄方法可以把这一年的储蓄到期额保持均衡，既可以应对储蓄利率的调整，又可以获得3年期存款的较高利息。

第二种，如果持有10万元，将10万元分为1万元、2万元、3万元、4万元的4张1年期定期存单，来应对突发的用钱状况。假如一年内需动用1万元，就只需支取1万元的存款单，避免了支取小数目动用大的存款单的麻烦，使利息的损失降到最低。

提高利息收入的技巧

现在的理财方式可谓是花样繁多，银行储蓄却是这些方式中最为常见的。现在对于储蓄的理解不应只停留在把钱存入银行里，这里面也包含了很多技术层面的问题。我们通过案例的分析，来进一步了解储蓄的技巧。

提高收益的定期的通知存款

案例分析

从事海鲜出口的张先生今年36岁，现在有50万元的闲置资金，如果到银行办成定期存款，那么资金流动性就会大打折扣，因为他的海鲜业务需要资金临时周转。但是把这笔钱存成活期那就太不划算了。

建议：对于那些数额比较大的闲置资金，居民可以利用“七天通知存款”的方式增加自己的利息收益。我们所说的“七天通知存款”是一种处于活期存款和定期存款之间的存款业务。这种业务的优点在于储户把资金存入后，获得的利息收益要比活期存款高比定期存款低，还需要注意就是支取前应该提前告知银行。目前为止，

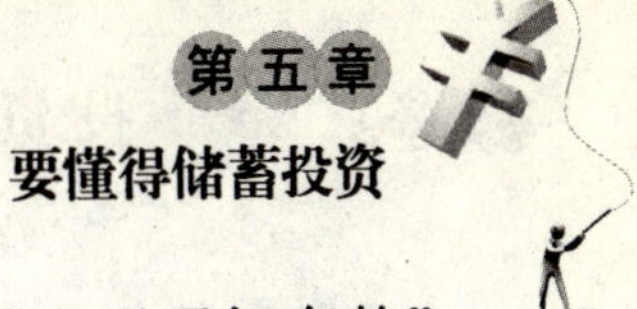

我国央行发布的活期存款的年利率为 0.40%，而“七天通知存款”的年利率为 1.49%，一年期定期存款的利率是 3.50%。

对于张先生来说，按一周来算，它的全部资金做活期存款，一周的收益率为 500000×0.40%÷365×7=38.36 元。

假如张先生按“七天通知存款”存款，那么一周的收益率则为 500000×1.49%÷365×7=142.88 元，这样的收益是活期存款的几倍。

特别提醒：如果储户支取的存款时间没有超过银行规定的七天时限，那么所支取的利息只能按照当下的活期存款来计算利息。还要说明的是，支取的金额不能超过预设金额，超过的资金也会按活期存款利率计息。但是有一点比较好，现在有很多的银行为了拓展业务特别推出了“智能通知存款”的理财计划，这个计划的优点在于可以根据系统的设置自动选择合理的存款类型：连续存款的时间假如超过七天就会按照“七天通知存款”利率来计算利息，假如连续存款时间没有超过七天就会按照一天通知存款利率计算，现在的情况下一天通知存款利率大概是 0.95%。

适合群体：有一定数量的存款，但是资金流动的需求比较大的群体。一般银行的规定通知存款额度不能低于 5 万元。

提高流动性的大额定折存款

案例分析

王女士于 2009 年在银行存入 8 万元，存了 3 年的定期。马上就快要到期了，但是因为资金周转的问题需要 4 万元提前支取，如果真是这样的话，这 8 万元的定期利息按照规定应该按活期支取，这时的利息是既定的。

建议：王女士主要的问题是提前支取利息损失的计算问题。按照有关规定，定期储蓄存款如果提前支取，只能按照活期存款计算所得利息。这就是说，一旦出现资金周转不开的时候，提前支取现金会损失利息的收益。其实王女士可以将固定存款化整为零，分成几个份额，并且计算出所取的日期，这样的话过一段时间就有现金可以兑换，保证了资金的流动性，假如出现了急需用钱的状况，也可以把损失降到最低。

例如王女士可以把手里的8万元资金，拆分成两到三万元一份，分别存1年期、2年期、3年期的定额存款。假如没有用处还可以继续存入，比如将到期的存款再存3年期，以此进行。如果出现临时需要钱用的情况，可以取临近到期的那一笔。这种方法既可以应对存款利率的调整，也同时解决了用钱的问题，而且不损失定期存款的高额利息。

特别提醒：在做定期存款时也可以在备注上登记自动转存业务，假如说没有动用大额存款的必要，银行的记录会将存款自动记录到下一阶段。如果储户在备注上没有做自动转存，那么过了的期限只能按照活期存款计算。

适合群体：资金存款流动性强的群体。

零存整取法

案例分析

股市的跌宕起伏让股民老刘胆战心惊，老刘觉得应该逐步地将资金投入到股市上，这样一来就有些闲置的资金出现在账面上，怎么才能让这些资金有用武之地呢？

建议：老刘可以采取零存整取的月月存储方法。我们所说的月月存储法也就是将每个月的闲置资金存入银行，把每张存款单都设定为1年的存期，存款到期后利息是每一个月承兑1次。这种做法不仅可以让老刘获得一些固定的利息收益，而投入股市的资金也不会受到限制。这种办法特别适合那些资金盈余不多而还想做投资的人士，一方面是每月工资发下来可以存入银行，另一方面就是每个月都有到期的存款，可以做自己感兴趣的投资。这种方式的好处在于能够发挥储蓄存款的作用，也能调节冲动投资者无计划投入的弊端。

特别注意：如果资本市场预期的投资机会没有出现，可以把到期的资金和利息继续转存。

适合群体：有投资期望的普通阶层。

投资问答录

问：请问专家，我有20万元，但是现在的我不太看好目前的投资市场，所以把钱做存款储蓄，你能够给我提一些建议吗？

答：其实对于储蓄来说，这需要按照情况而定。比如说关于资金流动性的问题，你可能对于这个问题没有明确的概念，甚至不知道怎么控制资金流动性。

如果在一定的时间段资金是闲置不用的，你要控制好存款储蓄中固定利息的年限与活期存款配置的多少。如果说对别的投资项目不感兴趣，也可以做存款储蓄的续存。对于资金流动性大的人来说，还是多拿出一部分资金去做活期存款，做到赢利与流动性的协调。

复利对于财富的巨大力量

很多人总认为获得成功的必要条件是庞大的资金支持，以及密集的信息人脉网和付出的努力超过常人数十倍就能成功，其实这种想法是错误的。虽然有的人起点不高，但是能规划出一个清晰的人生计划并具有能够长期坚持的恒心，这就像是复利的功能。

复利的效果

从理财的角度来讲，比如做一个银行的定期存款，金额是200元钱，银行的定期年利率是5%，按照一年的单利计算或是复利计算结果都是没有变化的，本金利息之和是相同的，全是210元。如果到了第二年我们还用单利计算利息，那本息合计仍旧是210元；可复利的结果就不相同了，第二年的本息合计为220.5元比单利计算多出了10.5元钱。

在西方有这样一个传说，它充分诠释复利的功能。传说克鲁斯发明了国际象棋让当时的统治者十分高兴，统治者决定赏赐克鲁斯，克鲁斯对当时的统治者说："我对您的赏赐不感兴趣，只要您在我这个棋盘上放一些谷子就行了。在国际象棋的棋盘的第一个格子放一粒谷子，在棋盘的第2个格子里放两粒谷子，在第3个格子里放4粒谷子，按照这个倍数关系持续放下去，每一个棋盘格里放的谷子数都是上一个棋盘格子里放的谷子数量的两倍，一直放到棋盘最后一个格子就可以了。”统治者认为非常容易，欣然地答应了克鲁斯。但是后来统治者醒悟到，就算是把整个国家的谷子都给他，也不能达到克鲁斯说的数量。虽然每粒谷子的重量只有1克，但是需要的谷子数量差不多有几千万吨重。虽然表面上来讲，克鲁斯给出的起点很低，从一粒谷子开始，但是多次数量的翻倍后，就形成了庞大的数字。

投资中有一个“72法则”，这个“72除以增长率”是用来评估出投资翻倍或减少花费的时间，可以形象地反映出复利效应。我们可以做这样的假设，比如说最初投资的数额是100元，年利率9%，如果想知道将资金的数额变成200元需要多长时间，大家都觉得计算会很麻烦，其实很简单。将72除以9（利息率），得到的数字是8，我们就可以知道翻倍的时间是8年。虽然这个法则的结果比较模糊，但是对于计算期限来说已经很准确了，如果你缺少对复利的计算公式不妨用用这个法则。虽然这个公式比较简单，但是能给我们很大的帮助。

我们通过对复利的了解，就能利用这个法则轻松地计算出存款金额翻倍升值的时间了。我们举一个例子，小王和小李在同一年大学毕业，小王回到了家乡工作，而小李去深圳谋求发展。说来也巧，两个人的工资居然相同，都是年收入6万元。小王生活在经济发展速度比较缓慢的内地，收入增长速度只有1%，利用公式可以知道翻一番需要72年的时间，而小李所处的深圳经济发展良好，收入增长速度为3%，所以，他的收入翻一番只需要24年的时间。从开始地小小不同，经过时间的推移，产生了如此巨大的差异，这就是理财的魅力所在。

爱因斯坦曾经说过关于复利的概念，“复利的威力比原子弹还可怕”。对于一个有着良好发展基础的年轻人来说，我们为什么不把复利作为一种投资呢？这也是获得财富的一个良好方法。

形成复利发展模式必须要做到的三点

首先，确定目标和发展方向。利用复利方式发展是由最终的目的所决定的，有清晰地目标是有理想的人所需要具备的，要制定标准和规划目标的发展方向，让计划的执行人就像干工作一样完成每天的量，制定多少就要做多少。

其次，做到长期坚持下去。有人说："每人每天都有一定量的资本收益，所有人的量都是相同的，那就是时间。"每人每天都是24小时，关键是你能否合理的利用时间。有的人把时间花费在学习工作上，有的人把时间用在家庭维持上，有的人却浑浑噩噩在荒废时间。一天的积累结果是很难显现的，长期的坚持下去，那么，日积月累的结果就会显现出来，而起到作用的就是复利。

最后，实行计划应该越早越好。复利的作用需要经过时间的积累才能得以显现，如果我们实行计划的时间比较晚，实施的时间又不长，自然不会显现复利的巨大作用。所以一旦有了理财计划，应该提早下手。

投资问答录

问：专家您好。我现在属于工薪阶层，对未来养老的问题比较担心。我现在每个月都有一些闲置的资金，那怎样做养老规划呢？

答：对于您所说的问题，可以从两个方面去解决，第一个方面是从保险角度出发，养老保险、医疗保险是必不可少的。这些保险既可以保证日常生活还可以应对疾病，不要轻视保险，保险可以有效地规避风险。

第二个方面是从储蓄的角度来谈，因为储蓄稳定性强比较适合长期的理财规划，尤其是复利效用的发挥，这让做长期储蓄的人尝到了甜头。作为工薪阶层的您，可以把每个月的闲置资金做一个长期定额存款，这对您养老来说是非常有帮助的。

加息下的储蓄投资策略

稳健类型的投资者可以做长期储蓄

加息时储蓄收益也会随之增加。比如说，中央银行将 1 年期定期存款基准利率上调到 3.25%，加息前的利息率是 3%，也就是说 10 万元的 1 年定期利息是 3000 元，加息以后的利息是 3250 元，比加息前增加了 250 元的收益。

如果遇到持续的加息策略，可以适时地采取购买国债的方式，因为国债的利率比银行利率还要高，而且不收取所得税。

加息的情况下不要提前还贷

存款利息增加了，同时贷款的利息也增加，我们不如提前还一部分贷款，其实这种做法并不科学。如果信贷紧缩，那么到银行做贷款投资并不容易，更何况很多人享受了在加息前的优惠利息率和折扣率。所以说不要轻易结束贷款。但是需要注意，如果贷款金额较大，加息以后无法承受巨大压力的情况下，可以考虑提前还款。

寻找短期的理财产品

每次央行发布加息消息，都会吸引大量的居民去存款。与银行存款相比，银行推出的理财产品收益更多一些，尤其是那些短期的理财产品，它们优势尤其明显。许多银行理财产品的收益率受到银行加息的影响开始提高。如果出现多次加息的情况，银行推出的理财新产品的预期收益率也会随之增加，尤其是一些信托基金和可转换债券。

投资者在加息的时候选择投资期限比较短的理财产品的原因是银行还在加息，可以及时地转换成有更高收益率的理财产品。

投资黄金，防止通货膨胀

对于风险承受能力较强的投资者来说，要想有效地减少通货膨胀损失，投资黄金是一个非常好的渠道。

投资者可以把投资黄金作为投资组合中的一个份额，这样做可以有效地降低整个投资组合的风险，提高收益的效率。有一定经济基础的投资人可以采用购买实物黄金的方式。那些具有风险偏好的投资者，可以做黄金的期货或现货的对冲交易，这种有放大效应的保证金交易，风险较大，其特点是看多看空双向都能获利，对那些没有购买实物黄金能力的人也是一个不错的选择。

投资货币市场的基金

加息时，相比于债券基金与股票基金，流动性最强的是货币基金，一般2~3个工作日即可到账，而且不收取赎回的费用。

货币市场基金投资的主要范围是那些短期金融工具，如国债、金融债、央行票据、信用等级较高的企业短期融资券、银行定期存款等。它的投资特点有：投资时间短，现金额度大，能够及时把握

利率变化和短期交易品种的投资机会。

上述的五个观点虽然不是很全面，但是可以对加息情况下的获利有一些帮助。还要注意的是，银行不断加息说明了经济运行过热，政府急需回笼资金，减少市场中的货币流通量。由此可知，在进行加息时的理财还需要注意防范通货膨胀，避免投资那些价格虚高的泡沫产品。

投资问答录

问：请问专家，我希望获得一个平稳收益率，以防范通货膨胀的压力，有什么好的理财方法吗？

答：您好，您把问题讲得比较透彻。我们在投资过程中，也经常面临两难的情况，作为一个理性的投资人，我们可以做一个理财规划。资金的存放是有时间价值的，所以在票面收益率和实际收益率上，我们应该更注重实际收益率。

我们可以把资金分成几部分，数额可以不均等，分别在银行的活期储蓄、定期储蓄、债券型基金和股票型基金上进行投资。有条件的话，还可以购买一些实物黄金，因为这是最保值的。我们要明确的一点是，这个组合的目的是防范货币贬值，所以选择地投资项目的风险性一定要低。

银行卡的使用学问大

管好自己手中的卡

我们因为时间和地点的转换，可能会办理不同的银行卡。那手中有几张银行卡最合理呢？最合理的范围是两到三张。除了可以在银行办理借记卡以外还可以办理一张信用卡，借记卡可以把钱存进去，日常支取都很方便。另外，由于借记卡一般是不同银行发行的，在组合利用时，也加大了刷卡消费的范围，为我们的生活提供了更多的方便。

银行一般都会规定在刷卡消费以后，使用信用卡的客户拥有50天左右的免息期。换句话说，只要能在期限范围内偿还所消费金额，银行是不会向客户收取利息的，可以说这就是一笔无息的贷款。在免除还款利息时间内，你可以将那些准备用来消费的资金做一些投资，比如说股票投资或者基金投资，不过一定要加强风险防范。

利用信用卡进行一次性大额购物或服务消费时，也可以把还款的额度分成几个期数，只要是能在一定时限内还清该期限的信用额度，就不会承担相应的利息。采取分期付款的功能可以解决一些大额支出。

在一些国家和地区都能用银行卡消费，免去了携带现金的不便。

办理这种在国外都可以消费的银行卡，省去了兑换的麻烦。比如说您的儿女在国外读书，更需要办理一张可以跨境消费的卡，父母手中持有主卡，子女手中有附属卡。这样做的好处是主卡在国内汇款不需要缴纳手续费，而孩子的附属卡在国外购买生活用品也不需要花手续费，长此以往利用这种方法，几年下来会省下不少的费用。

假如你每个月的定期存款不超过 800 元，就应该考虑整合一下这些活期账户，把那些不经常用的活期账户整合，进行注销合并，只把最适合的账户留下来，用这个账户完成存款、取款等基本业务，可以有效地减少银行一些业务的收费。银行没有对定期存款的额度进行规定，假如把同样的小数额资金存入 6 个月的定期储蓄，既能够避免收费和利息的损失，还可以有效地增加储蓄的收益率。

防范银行卡诈骗

随着人们日常生活中使用银行卡的次数增多，银行卡的诈骗案件逐年增加，防范银行卡诈骗也成为我们必须警惕的问题。以下就是常见的四种诈骗形式：

有很多不法分子利用虚假的金融机构名称骗取银行卡密码、账号。犯罪分子通常会在互联网上向用户发送虚假电子邮件，诱骗银行卡客户登录与真银行网站页面完全一致的假网站，并要求受害人填写个人资料、账户号码及密码等内容。

短信诈骗。这种形式早已见怪不怪了，据调查，有非常多的手机用户曾经收到过冒充银行及银联的虚假短信，受害人数达上万人，损失的金额达上千万元。

通过取款机实施诈骗。一些掌握高科技手段的罪犯打起了 ATM 机的主意，如在 ATM 机键盘上覆盖一个银行卡密码器，这个密码器很像键盘，在它的下面是一个制作精细的电路板，通过客户在 ATM 机上的操作，可以自动记录客户输入的银行卡密码。

用假冒的信用卡大宗购物诈骗。这些犯罪分子伪造国际知名银行的信用卡，大肆骗购贵重物品。他们经常购买奢侈品，但是用的都是伪造的信用卡账号。

常用的防范办法

设置高安全级密码。在插入磁卡并输入密码的时候，注意一定不要让其他人看到，注意检查ATM机近旁是否有隐蔽的摄像头。

当ATM机的屏幕显示为“设备故障”时，不要轻易将银行卡插入其中。

取款或存款交易完成后，记得一定要把卡和交易凭条取走，如果不保留凭条也不可随便丢弃，必须销毁凭条丢入废纸箱里。

如存款或取款数额与账户显示不一致，或是银行卡出现被吞卡的情形，应该尽快去找该营业厅的银行职员，或拨打银行的服务电话。

投资问答录

问：专家您好，我想了解一下银行收取年费的标准，如果没有缴纳年费，结果会怎么样？

答：您好！您说的这个问题比较普遍，有的人发现自己的银行卡不能用了，也不知道原因，其实大多都是因为没有缴纳年费的缘故。下面我介绍一下我们国家几个大型商业银行对于银行卡的扣费标准。

1. 中国建设银行：办卡费5元，年费10元/年，低于500元收小额账户管理费3元/季度，且这类账户不给利息，同城跨行取款4元/笔+取款额的1%。

2. 中国工商银行：办卡费5元，年费10元/年，低于300元收小额账户管理费3元/季度，同城跨行取款2元/笔。

3. 中国农业银行：办卡费5元，年费10元/年，低于300元收小额账户管理费3元/季度，同城跨行取款2元/笔（广东省4元）。

4. 中国银行：办卡费5元，年费10元/年，不收小额账户管理费，同城跨行取款4元/笔。

5. 交通银行：办卡费5元，年费10元/年，低于500元收小额账户管理费3元/季度，同城跨行取款2元/笔。

6. 邮政储蓄：办卡免费，同城跨行取款2元/笔，绝大多数省市没有收取年费、小额账户管理费。

巧妙利用储蓄方法保证资金流动性及其利息收益

存钱是一门学问，巧妙地利用储蓄方式的组合，既能保证资金有充分的流动性，还能获得丰厚的收益的。按期存入固定金额，通过不同的储蓄方式，一年所获得的利息相差将近3倍。

如今，虽然炒基金、买股票、做期货等理财工具在不断的发展，但是最基础的理财方式还是储蓄。有专家指出，在现在低利率的情况下，单纯的活期或者定期存款的储蓄方式，不能使资金流动性与固定的收益形成统一的趋势。居民可以巧妙地利用三种储蓄方法，这些方法能充分保证资金的流动性，还能保证利息收益。

案例分析

1. 每月结余较固定，可循环储蓄

小张每个月都会省下2000多元，经过一年的积累，却发现银行卡上只有100多元利息。“物价总是涨，然而利息又这么少，存钱有什么用呢!”看着银行卡上的利息，小张非常的无奈。

专家建议：像小张这样的工薪阶层，领完每个月的工资后，把那些结余的资金每月做一个整存整取为期一年的储蓄，这样小张就有了12张定期存款单，一年以后每月都有1张存款单到期。如果急需用钱的时候就可把钱取出，不需用钱就可以把到期的存款加上当月的闲置资金一起再存起来，这样的储蓄加强了资金流动性，同时也获得了比活期高的利息收益。比如小张每个月节省下的2000元，如果放在银行卡上面存活期，一年以后的本利和也就24126元，而循环的银行储蓄，一年之后则变成24540元，利息超过了原来的3倍。

专家点评：大部分的工薪阶层都把工资放在卡上，用多少就取多少，每个月的结余都是之前的利息和剩余的存款，银行卡利息少不利于资金的积累。循环储蓄的优点就在于可让资金具备一定灵活性，同时获得很好的利息收益。

2. 把钱分开存，分为半年期与一年期存款

李凯夫妇有一笔5万元的闲置资金，本来打算做一年的定期存款，但是觉得资金流动性太差，存半年利息又太少。如何在保证利息的情况下，增加资金的流动性？这让李凯夫妇非常

头疼。

专家建议：李先生手中的5万元现金可以分成两个部分，每份2.5万元，一份做一年期存款，另一份做半年期存款。半年以后，把到期的半年期存款转存为一年期的存款，并且把这两张一年期的存款单都备注可自动转存。这样循环的储蓄，交替存储的时间为半年，隔半年就可以承兑一张一年定期的存款单，不仅提高了资金流动性，而且还获得了完整的存款利息。

专家点评：在我们国家中等收入家庭都会有一定数额的小额闲置资金，他们对资金流动性的要求不是特别强烈，但是又不想蒙受利息的损失，这种交替式的存款方式比较适合这样的家庭。

3. 多种方式存一笔钱，需要多少取多少

王女士手里有20万元现金，但是又不知道什么时候就要用这些钱，需要用多少。如果做活期银行储蓄，取钱的时候虽然很便利，但是利息收益太低；如果做定期的存款储蓄，遇到用钱的时候又得提前支取，利息又会按活期的算。到底是存活期还是存定期？王女士不知道如何是好。

专家建议：假如说有20万元现金，王女士可以将它们分成不同额度的4份，分别是2万元、4万元、6万元、8万元，然后将这4张存单都存成一年期的定期存款。在一年内无论哪个时间段需要用钱，都可取出和所需现金数额接近的那张存单，剩下的存款单仍可以继续享受定期利息。

专家点评：这种储蓄方法适用于一年内需要资金流转的人群。用这种分成份额的储蓄方法不仅利息比存活期高很多，而且需要资金流转的时候也能以最小的损失取出所需资金。

投资问答录

问：专家您好，作为普通的居民我们做普通的存款储蓄的收益很低，有什么更好的理财方式呢？

答：对于你提出的问题我们应该从两个方面考虑。一个方面是从保值的角度考虑，另一方面是从增值的角度考虑。

假设从第一个方面考虑，资金的安全性还是能够得以保证的。因为在负利率的情况下，市场上的名义利率开始上升，那些银行推出的理财产品为了吸收资金就会提高其收益率。但是这种方式的弊端是失去了货币的时间价值，从周期上来说，资金的内在价值处于静止的状态。风险承受能力比较低的居民可以采取这种方式理财。

从另一方面考虑，我觉得应该让资金的时间价值得以体现。适时地做一些投资，但须严格控制风险，因为这种方式还是有一定市场风险的，既能获取收益也可能会遭受损失。

第六章
学会具有较高安全性的债券投资

债券投资应明确的几个概念

债券投资的特征

债券作为投资工具因为具有安全性高、收益高于银行存款，流动性比较强的特点，被广大居民所青睐。

因为债券发行之初就显示了到期后可以支付本金和利息，所以它的收益非常稳定而且安全性高。尤其是对国债来说，它的本金及利息的给付是由政府做担保的，几乎没有什么风险，被称为“金边债券”，这种债券的安全性非常高。

在我国，债券的利率高于储蓄存款的利率。投资债券，一是可以获得稳定的、高于银行存款的利息收入。二是可以利用债券价格的变动，买卖债券，赚取差价。

上市债券的流动性比较好。当债券持有人需要资金周转时，可以在交易市场任何时间卖出，而且随着我国资本市场的进一步开放，债券的流动性也会逐步提高。因此，债券作为投资工具的一种，最适合那些希望获取固定收益，投资目标定在长期投资的人。

影响债券投资收益的因素

票面利率与实际收益是成正比的关系，也就是说票面上固定的利率越高其收益也就越高。债券的票面利率是由债券发行时的市场利率、债券到期时间、发行者的信誉级别、债券的流动性水平等因素决定的。票面的利率是受当时的市场利率所影响的；债券的到期时间越长，票面利率就会越高；发行者的信誉级别越高，票面利率就会越低；流动性高的债券，票面利率也就越低。

市场的供求变化、货币政策的松紧程度、政府对投资的态度，都会影响投资者购买债券的成本，所以市场的供求变化、国家政策也是我们考虑投资收益的重要因素。债券的收益水平尽管受到多重因素的影响，可是它作为一种具有稳定收益的投资工具，它的风险不会像股票那么大，因此它的收益也是比较固定的，投资风险相对来说也较小，适合缺乏风险承受能力的投资者。

购买成本、交易的费用成本和国家的税收成本三部分是构成债券投资的主要成本因素。购买成本指的是投资人买入债券时所支付的钱；交易成本包括经纪人的佣金、成交的服务费和过户的手续费等。目前只有国债是不征收利息税，但企业债的利息收入还需要缴纳所得税，专业机构投资人还需要缴纳一定的营业税，所以国家对于税收的政策也会影响债券收益。债券的投资成本越高，那么它的投资收益也就越低。因此债券投资成本也是投资者考虑投资收益时的因素，在计算债券的实际收益率时必须扣除税费。

债券投资收益率的变化与市场利率的变化是成反比例关系的，也就是说市场利率升高的时候，债券的价格就会下降；市场利率降低的时候，债券的价格就会升高。客观地说，这样就造成了债券买卖时的差价，也就形成了债券的获利机会。随着市场利率的提高，债券买卖的价格差为正数时，债券的投资收益就会增加；当市场利率降低，市场上债券买卖差价为负数时，债券的收益就会减少。但是随着市场利率的波动，投资者如果能适时地操作债券的买入卖出，就可获得更多的投资收益。如果债券投资者买入债券的时机出现偏差，也会使债券的投资收益减少。

债券发行时的定价方式

债券的发行价格是指在发行市场（一级市场）上，投资者在购买债券时实际支付的价格。通常有三种情况：按面值发行、面值收回，其间按期支付利息；按面值发行，按本息相加额到期一次偿还，我国目前发行的债券大多数是这种形式；以低于面值的价格发行，到期按面值偿还，面值与发行价之间的差额，即为债券利息。

市场交易价格

债券发行之后，通过二级市场的流转和交易，形成了不同的价格差。另外，债券的交易价格取决于多种市场因素的共同影响。一般情况下，债券的价格与到期收益率是反比例关系。也就是说，债券价格越高，投资者在二级市场上的收益也就越少；相反的情况也是这样的。不管票面的价格与到期收益率相差多大，只要离债券到期的时间越长，价格的变化也就越大。在出现通货膨胀的情况下，实行固定票面利率的债券价格与市场利率及通货膨胀率的关系呈反方向变化，但是那些具有保值补贴功能的债券除外。

投资问答录

问：请问专家，我们国家发行的国债具有很多优点，所以我想了解一下国债的种类，以及它们如何购买？

答：您好！国债具有很多优点，比如说流动性较强，不收取税费等。我国申购国债的具体要求是根据不同的国债种类有不同的购买方式。我们将这三种方式作一个介绍。

凭证式国债。凭证式国债的购买额为百元的整数倍，按面值发售，投资者可凭本人身份证到凭证式国债各承销网点购买。

记账式国债。投资者购买记账式国债应事先在证券交易所开立证券账户，然后携带身份证、证券账户卡和券商指定的银行存折到代理记账式国债销售的证券营业部填写预约认购单并开立保证金账户，转入认购资金后即可购买。

储蓄国债。投资者应事先在一家承办银行开立一个人民币结算账户作为国债账户的资金账户，然后开立个人国债托管账户（不收取账户开户费和维护费用），用以结算兑付本金和利息。投资者即可在发行期内持身份证、资金账户证明、国债托管账户卡到所在的承办银行联网网点购买。

债券的风险种类以及规避原则

债券的风险种类

在经济学上，风险是指对收益的不确定性。而在保险学当中，有人对风险提出了损失不确定性的概念。对于投资债券来说，风险的程度特别低，但是我们不能说债券市场上是零风险，也就是忽视了债券市场的多重风险，以下几种就是债券市场潜在的风险，我们来做一下了解：

利率风险。利率风险是指利率的变动导致债券价格与收益率发生变动的风险。

通货膨胀风险。由于债券的利息都是事先定好的标准值，然而未来经济的发展状况会有所变化，有可能物价的增长指数会超过所得利息，或者与利息相持平，这将使利息收益无法弥补通货膨胀的损失，这就是通货膨胀风险。

回收性风险。公司发行的债券有的会规定回收性条款，这就对投资者进一步获利造成了损失。有的公司因为业绩发展比较快，能够偿还债券的本金，所以他们希望尽快收回，来坚守财务支出。

税收风险。政府会对一些公司发行的债券进行利息税的征收，这就减少了债券投资者的收益。

价格变动风险。债券市场上的价格变动非常频繁，假如变化的方向、幅度与投资者预测的不一致，那么，自然会给投资者造成损失。

转让的风险。当投资者急于将债券转让出去的时候，不得不减少收益以完成尽快兑现的目的，或者是支付一定的佣金。

政策的风险。由于国家经济政策的变化而造成债券损失。比如说，在通货膨胀的情况下，给债券实行加息和保值补贴。

债券的风险规避原则

为了防范债券市场当中的风险，更好地获得债券的收益，应该多加谨慎。以下几个原则，可以帮助我们规避风险。

稳定收益原则。由于债券的种类不同导致了投资债券收益有多有少。对投资者来讲，应该根据自身的实际情况选择适合自己的债券种类。例如政府发行的债券，也就是我们常说的国债，因为有国家信用作为支持；所以国债的收益比较稳定。

安全无风险原则。和其他的理财产品相比，债券的安全性的确很高，但这种安全性只是横向比对，其风险因素依然存在，由于市场经济的变化、企业自身的经营状况、债券公司的信用等级变化都是比较重要的风险因素，所以，投资债券时应该注意不同债券投资的安全性。以政府债券和企业债券做比较我们不难发现，后者由于受经营风险因素影响，其安全性比国债差。

承兑不困难原则。债券的流动性是指在市场流通兑现的能力，这种流动性的强弱直接影响未来的收益情况。就好比说，在市场能够很快出售说明它的流动性强，相反就说明债券的流动性弱。影响债券流动性的一个主要因素是债券的承兑时间，承兑时间越长利息收益越高，流动性越弱；承兑时间越短，流动性越强。还要说明的是，不同种类的债券的流动性也不一样。比如政府发行的国家债券，由于信用度高，在发行后就可以在债券市场进行买卖，所以它的流动性强；企业发行的公司债券的流动性相差非常大，对于那些有实力的大公司或者是规模虽然小但经营状况非常良好的公司，这些公司发行的债券流动性非常强，相反，那些公司规模小、经营状况不良的其发行的债券流动性比较薄弱。

投资问答录

问：专家您好，我觉得投资国债的利率比较高，但是它的期限很长，不利于流通，我们怎样才能更好地利用国债，使它的作用发挥得更大？

答：对于您提出的问题，有必要做一个介绍。发行国债可以说是国家的一项经济政策，它可以回收市场上的流动资金，减少通货膨胀的压力，有利于国家基础设施建设。对于个人来讲，希望从中获得更大的收益也非常正常，下面我为大家介绍增加国债收益的方法：

1. 投资即将到期的长期国债

市场利率与债券价格之间的关系是相反的，比如说市场利率平稳的上升可以使债券价格在一定幅度中有所下降，从经济学的角度来看，“长期”便是一种债券的价格对于市场利率变动的敏感度。由于国债的种类有所不同，所以它们的敏感度也不一样。正常情况下，国债的时间越长，市场敏感度也就越大，所以，受到市场利率变动的风险也越大。不过对于马上到期的长期国债就不同了，它们的敏感度会随着承兑日的接近而逐渐减小，所以即将到期的长期国债，是受市场利率波动最小的债券。

2. 投资新发行的短期国债

比较长期国债的优势，短期国债受到市场利率变动影响又更小了，特别是在将要加息的情况下，新发行的债券价格将会降低，以后市场利率可能降低，把资金投入到新发行的短期国债市场当中，可能会收到很好的收益。

债券收益率的计算方法

通过对债券收益率的学习，可以帮助我们做好债券的理财计划。

最基本的债券收益率计算公式为：

债券收益率=[(到期本息和-发行价格)÷(发行价格×偿还期限)]×100%

有的时候可能会出现债券持有人在债券偿还期内将债券转手给别人，所以我们还应该知道，债券的收益率还可以分为债券出售者的收益率、债券购买者的收益率和债券持有期间的收益率。各自的计算公式如下：

债券出售者的收益率=(卖出价格-发行价格+持有期间的利息)÷(发行价格×持有年限)×100%

债券购买者的收益率=(到期本息和-买入价格)÷(买入价格×剩余期限)×100%

债券持有期间的收益率=(卖出价格-买入价格+持有期间的利息)÷(买入价格×持有年限)×100%

案例分析

王某于2000年1月1日以102元的价格购买了一张面值为100元，利率为10%，每年1月1日支付一次利息的1996年发行的5年期国库券，并持有到2001年1月1日到期，到期后王某购买债券的收益率与出售者的收益率各是多少？

债券购买者的收益率=[(100+100×10%−102)÷102×1]×100%=7.8%

债券出售者的收益率=(102−100+100×10%×4)÷(100×4)×100%=10.5%

案例分析

张某于2000年1月1日以120元的价格购买了面值为100元，利率为10%，每年1月1日支付一次利息的1999年发行的10年期国库券，并持有到2005年1月1日以140元的价格卖出，张某在债券持有期间的收益率是多少？

债券持有期间的收益率=(140−120+100×10%×5)÷(120×5)×100%=11.7%。

投资问答录

问：请问专家，我在2003年2月购买了10年期的国债，面值为100元，利率为10%，我当时花了110元购买，它发行的时间是在2000年，我在2008年以140元的价格卖了出去，我想算一下投资收益率？

答：从你给出的信息中可以知道，你持有的时间为5年，购进面值为110元，卖出时140元，我们可以对债券持有期间的收益率进行计算：

债券持有期间的收益率=(140−110+100×10%×5)÷(110×5)×100%=14.5%

我们通过公式可以知道，债券持有期间的收益率为14.5%，表明其收益率还是很高的。

如何投资企业债券

企业债券的定义

企业债券是指依照我们国家的法定程序发行，约定在一定期限内还本付息的有价证券。在我们国家，企业债券大多是指各类所有制企业发行的债券。在欧美国家，由于上市的企业可以发行企业债券，企业债券就是我们所说公司债券，它的涵盖范围很大，比较有代表性的是可转换债券和资产支持证券。

在我国资本市场也发行了上市公司的可转换债券，比如说燕京转债、邯钢转债、万科转债等。可转换债券是一种可以在一定期限内转换成股票的公司债券，发行公司在发行时规定债权人在股市有利的时机可以转换成等值的上市公司股票。可转换公司债券由两种特权组成的债券形式，当投资者不太了解上市公司的情况时，可以投资债券获取利息，等到上市公司有明显的起色，市场行情比较好的时候，就可以转换为股票。对于债券投资者来说，这又多了一种投资选择的机会，但可转换债券的价格受股市影响比较大。

企业债券的基本分类

按期限长短。我们根据债券到期的期限可以将其划分为长期债券、中期债券、短期债券三种。在我国企业发行的债券最短期限是1

年，而最长期限可达到15年。3年以内的期限通常它的发行额在1亿元以下，3至5年的期限发行额一般在5亿元以下，5年以上的期限发行额一般在5亿元以上。

按利率的设置方式。企业债券可分为固定利率债券和浮动利率债券。固定利率债券在偿还期内利率固定。浮动利率债券是按照某一经济参考指标为债券的基准利率并加上利息的差额，确定出各次付息利率的附息债券。这种债券基准利率在债券待偿期内有所不同，具有不确定性和经济周期性。

按付息方式。企业债券可分为零息债券、附息债券和贴现债券三种。在我国债券发行历史上，在此以前发行的债券基本上都属于零息债券，在此以后发行的且期限满5年或5年以上的债券基本都是附息债券。贴现债券是期限比较短的折现债券，是指债券券面上不附有息票，在票面上不规定利率，发行时按规定的折扣率，以低于债券面值的价格发行，到期按面值支付本息的债券。

按券面形式。企业债券一般可以分为无记名实物券、实名制记账式两种。一般数额比较小的债券基本上都采用无记名实物券形式，数额比较大的债券基本上都会采取实名制记账式。

企业债券的基本要素

企业债券的基本要素一般分为：发行金额、期限、票面利率和付息方式。

企业债券的融资特点

交易方式的独特性。企业债券的交易方式可以分为竞价交易和大宗交易两种，上市的规则与股票没什么区别，与股票交易的不同之处在于企业债券在大宗交易的情况下可以进行意向申报和成交申报。目前，证券交易所所接受大宗交易申报的时间为每个交易日上午9：15～11：30，下午13：00～15：30。每个交易日15：00～15：30，交易主机对买卖双方的成交申报进行成交确认。成交价格由买卖双方在前一日收盘价的上下30%或当日已成交的最高价、最低价之间自行协商确定。

利息派发的固定性。债券和股票的第二个不同之处就在于企业债券都会有固定的利息分派、到期兑付。一般情况下，在证券交易所上市的企业债券在派发利息时，发债公司先支付给中国证券登记结算公司深圳分公司后，由结算公司深圳分公司划给投资者开户的证券公司，再由证券公司代为扣除利息税后，将剩余款项在派息、兑付日（如遇节假日顺延）支付给投资者。这样比较方便快捷，保证了投资者的收益稳定程度。

债券投资的风险性。投资者在投资企业债券的时候，特别要注意考虑它的信用状况。比如那些资信等级越高的债券发行者，其发行的债券风险就越小，对我们投资者来说收益就越有保证；资信等级越低的债券发行者，其发行的债券风险就越大，虽然这些债券的利率会相对高一点，但是风险大有可能损失本金。

投资问答录

问：请问专家，在债券的交易市场中，如何才能选择获得比较稳定收益的公司债券，它们有什么特征吗？

答：首先来说，债券获利一方面与市场有关，另一方面就是关于发行债券公司的问题。公司的信用级别，发行的期限，还有公司的运行情况，这些因素都会导致债券的价格发生变动。

我们选择债券的时候应该首先考虑安全性的问题，其次是选择期限短一点的债券。期限短的债券可以有效地避免时间产生的利率变动风险。我建议不要追求过高的债券收益，因为那些债券都有一

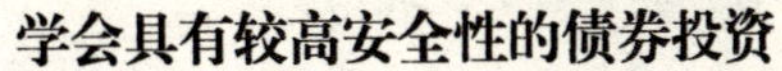

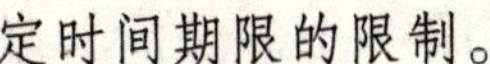
定时间期限的限制。

债券也能炒活

当股市出现牛市的时候，债券投资市场就比较冷清，但随着债券市场产生的新变化以及股市风险的不断积聚，债券投资在投资者心目中的位置逐渐变得重要起来。相对于瞬息万变的股市，投资者面对债券市场却觉得很陌生，而在进行投资不同种类的债券产品的时候，以往选择股票的经验已经没有多大用处了。分析一只股票未来趋势，从它的基本面、技术面的表现就可以看出来，那么面对债券投资，投资者需要掌握哪些操作方法呢?

分级别步骤投资

这种方法是从股票投资技巧中研究出来的，债券投资者制定一个计算方法，按照这个固定的计算方法和公式计算出适宜买入和适宜卖出的债券的价位，然后利用这个结果进行债券的操作。

分级别步骤计划法一般遵循的操作原则是“低进高出”，也就是说在价格低的时候买进，价格高的时候卖出。

当债券投资者发现一种债券作为投资对象后，就需要设定债券浮动的一定范围作为等级，这个范围可以是一个已经明确的百分比，也可以设定为一个固定的常数。如果债券价格下降一个等级时，随之而然买入一定数量的债券；相反的操作就是每当债券价格提升一个等级时，就把这个级别的债券卖出。

分级别步骤计划法比较适合债券价格处于不断波动的时期。因为债券最终要还本付息，所以它的价格趋势将会不断地提升。

在运用分级别步骤计划法时，特别要注意债券价格的总体趋势，并且，在债券价格升降的区间买卖等级的间隔要恰当。如果债券市场行情波动情况较大，买卖的级别的间隔可以大一些；如果债券市场行情波动比较小，买卖级别的间隔就要小一些。如果买卖等级差异过大，会让投资者丧失买进和卖出的最佳时机，而等级差异也就会使买卖差价太小，在考虑各种手续费因素后，就会使投资者的利润降低。同时，投资者还需要根据资金实力和对风险的承受能力来确定买卖的数量。

逐步叠加的操作法

还有一种情况，当债券价格出现下跌时，投资者卖出了第一批的债券，但是市场上的价格还在下跌，第二次可以加倍买入同等类型的债券，如果继续下跌，可以再加倍购买，这样很低价位购进债券占全部债券的比例大，就可以大大地降低平均成本。像这样的累积，被称为逐步叠加的操作法。

当债券价格上升时，运用逐步叠加的操作法买进债券，就需要每次逐渐减少买进债券的数量，这样可以保证最初按较低价格买入的债券在购入债券总数中的比例比较大。

我们国家发行的一些债券，比如说记账式国债，它的交易时间是不受限制的，这种可卖出的债券同样可采用逐步叠加操作法。如果债券价格出现上涨，每次加倍售出手中的债券，经过市场上的价格上升，卖出的债券数量也会增加，用来降低高价卖出的债券在卖出债券总额中所占的比例，达到最终的获利目的。

当我们利用逐步叠加的操作法买入债券的时候，应该对资金进行合理的安排，防止投入资金过多的现象发生，这样就保证了债券下跌时可以有足够的资金进行逢低买进。一般来说，债券投资者可将资金按1∶2∶4的比例进行分配。

投资问答录

问：请问专家，在投资债券的过程中除了分级别步骤计划法和逐步叠加法以外，还有其他方法进行债券投资吗？

答：对于那些保守型的投资者来讲，不妨试试提醒投资法。这种方法就是每隔一段时间，在债券发行的市场上买入期限一样的债券，每隔一段时间都这样做，循环往复。这样，投资者在未来的一定时间内都会有固定的收益。

这种方法能够获得定期的利息收益，流动性虽然不显著，但是因为每隔一段时间都有到期的债券，不用着急把尚未到期的债券卖出提现，保证了收益的稳定性。同时，在市场利率出现变化时，这种方法的投资组合不会发生太大变化，因此整个债券投资收益率的变化也不会太大。此外，这种投资方法的交易次数一般只有一次，所以交易的成本比较低。

可转换债券的价值、价格和投资风险

可转换债券的价值

可转换债券是指持有者在一定时期内可以按照一定比例或价格转换成为股票，具有债券和股票的双重性质。我们所说的可转换债券的价值有两种，一种是理论价值；另外一种是转换价值。

理论价值是指在不具有转换权力下同等水平的相关价值。在测算可转换债券的理论价值时，必须去测算那些与之有同等资信和类似投资特质的普通债券的固定收益率，通过这个收益率而计算未来到期的收益。

转换价值就是债券转换成股票的收益价值，其转化公式为：

转换价值=普通股票市场价值×转换比率

在公式中，转换比率就是每份债券转化成为股份的数量。

可转换债券的实际价格

可转换债券的实际转换价格是在理论价值与转化价值的基础之上。比如说实际价格在理论价值以下，表明这个债券被低估了，这是非常明显的；买入可转换债券价格在转换价值之下的时候转换成为股票就会获利，这样就间接地刺激了债券价格的上涨直到趋于转换价值。

转换平价是指在可转换期限内债券可以转换成股票的价格。除一些特殊情况以外，比如说送股、发放新股、派息、股份的合并拆解，以及公司的收购、兼并等，转换的价格一般情况是不调整的。前面我们所说的转换比率，从本质上说就是转换价格的另一种表示方式。

转换平价=可转换债券的市场价格/转换比率

转换平价是一个非常重要的参考值，因为一旦交易中的股票价格上涨到转换平价水平，以后每一次的股票价格上涨都会使可转换债券的价值有所提升。因此，在看可转换债券盈亏的时候非常有效。

转换股票的策略

对于广大投资者而言，可转换债券又提供了一个新的投资品种，同时也多了一条规避风险的渠道。

当股市出现回暖时，可转换债券的价格会随市场波动而上升，当出现超出其原有成本价格的时候，债券持有者可以卖出转债，直接获取收益。

当股市逐渐走强的时候，或者发行可转换债券的上市公司业绩转好，其股票价格的增长预期增加时，投资者就可以将可转换债券按照发行公司的规定转换成股票，来分享公司业绩好转所产生的分红或者公司股票价格上涨的收益。

当股市走向趋弱时，上市公司发行的可转换债券和股票的价格都会下跌，卖出可转换债券或者将其转换成股票都不划算时，投资者可选择继续保留可转换债券。

可转换债券的投资风险

可转换债券的风险虽然没有股票的风险大，但在1998年的那一次亚洲金融风暴中，投资亚洲可转换债券的人还是损失巨大。投资者应该了解一下可转换债券的潜在风险，有利于规避投资的风险。

受股票价格涨跌影响的风险。假如说股票的价格上涨时，可转换债券的价格也会随着股票价格上涨而上涨，因为相关因素的影响，可转换债券的价格也会随着股票价格的下跌而下跌，就是说投资者要承担股票价格波动造成的债券波动的风险。

利息遭受损失的风险。当股票价格下跌到转换价格的时候，可转换债券的投资者不得不转化成为股票投资者，转换成为股票损失还会增加。由于股票价格的影响，导致可转换债券的利息要低于同等级的普通债券利息，这样就造成了投资者的损失。

赎回的风险。可转换债券发行者规定可以在发行一段时间之后，以某一价格赎回债券。提前赎回使投资者的收益受到了限制，另一方面也增加了投资风险。

强制转换的风险。可转换债券在利息收益期限内强制转换，和提前赎回有些相似，对投资者的最高收益率产生了限制作用，但是这时候的收益率一般会高于提前赎回的收益率。而到期的时候无条件强制转换，导致投资者的本金无法收回，就会承受股票动荡的多重风险。

投资问答录

问：专家您好。我想知道在哪些情况下可转换债券的收益会受到损失?

答：可转换债券的价格波动与股市密切相连，这是关系到投资者赢利的关键问题。可转换债券蒙受损失的情况一般分为两种：一种是因为股市的持续低迷，债券转换成为股票不能得到收益，而往往利息又没有市场上的利息率高，导致了在利息上的损失，建议投资者这时可继续持有可转换债券等待时机。另外一种损失来源于债券的发行主体，因为企业的经营也是有风险的，所以持有者手中的债券因发行主体的原因，可能遭受利息损失甚至本金的损失。

债券到期的承兑风险

一般情况下，债券的投资风险要比股票的投资风险小得多，但是不能说投资债券就没有风险。不同种类的债券随着时间的推移不断地推出，投资债券的人员也在逐步地增多，但是很少有人会去考虑债券的承兑风险，有的人已经完全忽视了兑付风险的存在。因此，投资者应该关注什么样的因素会影响到债券的承兑，要做到具体问题具体分析。

债券承兑风险的影响因素

信用评级。信用评级机构的专家从公正、客观、独立的基础出发，对债券发行的主体是否能够如期、足额偿还债务本息的能力与意愿进行客观评价，称为债券信用评级。债券信用的等级是反映预期收益的一个重要标志，同时也为债券投资者提供了一个研究风险的参照。

债券的担保机构。债券发行主体为了发行债券方便或增加发行债券的级别就会寻找相关机构，如金融机构、担保公司等为其做信用担保。所以，债券的主体是否会有担保机构，或者担保机构的实力如何都是影响承兑风险的重要因素。正常情况下，有担保的债券它的承兑风险小于那些没有机构担保的债券；金融机构担保的债券的承兑风险要小于普通企业做担保的债券。但是，就担保这件事来说，要明晰它的担保期限、担保时间等相关条件。

发行债券的公司财务状况。财务状况指的是债券发行机构的资产负债结构及其流动性的关系，这就能从财务角度反映债券发行机构到期时偿还本金支付利息的能力。在关于资产负债结构方面，可参考公司资产负债率指标，它可以真实地反映出资产最明确的对债权人利益的保障程度，债券发行主体的资产负债率越低，就表明债券发行主体的承兑风险越小；同情况下流动性方面会关注它的流动资产周转率、流动的速度等量化指标，它真实地反映了债券发行主体在短期的还本付息能力，债券发行机构的流动性越好，就有利于投资者兑现。

机构的经营情况。经营情况指的是债券的发行人对债券本息的偿付，来源于债券发行主体通过使用债券募集资金实现的收益。因此，债券兑付风险的大小从根本上而言取决于企业的经营情况。企业经营情况的好坏受其所在行业、自身管理能力及创新能力，以及人才储备等多种因素的影响，企业经营情况越好，债券兑付风险发生的概率也越低。

保证偿债的措施

同阶段的银行储蓄存款利率。在一般情况下，机构发行的债券利率应该高出储蓄利率同阶段银行储蓄存款的利率，企业发行的债券利率则高出储蓄利率四分之一以上。银行储蓄存款利息收入是免缴个人收入调节税的，但是投资企业债券的收入要征收20%的收入调节税，高于25%的企业债券利率在征收调节税以后，基本的利率水平与储蓄利率是持平的。特别注意的是，因为债券到期以后才能体现，灵活性没有储蓄存款强，而且企业的信誉远不如银行信誉强，债券利率制定时都需反映出这些来。

在一般情况下，债券期限短的，利息率就会很低，期限长的，利率水平就比较高。到期时期限短的债券灵活性比较强，债券能够及时有效地收回本息，利息的收入还可以进行再投资，从而能够获得较高的实际收益；而那些期限比较长的债券投资者就没有这种机会，因而必须通过提高利率来弥补损失。

偿债保障措施是债券发行人为避免兑付风险的发生，根据自身经营特点和债券兑付期限建立的偿债准备机制。常见的偿债保障措施如设立偿债准备金及专项偿债账户制度；此外还有在出现兑付危机时的特殊规定，如不向股东分配利润，暂缓重大对外投资、收购兼并等资本性支出项目的实施，调减或停发董事和高级管理人员的工资和奖金，以及主要责任人不得调离等。

货币市场上债券的发行总量。货币市场债券的发行总量指的是在某一阶段或某一区域的债券发行总数量。在正常情况下，市场债券已经发行总量小于社会各阶段的认购能力时，新发行债券可以在一定范围内降低利率；假如出现市场债券已经发行总量大于市场认购能力，又因为投资者的投资范围的影响，此时，债券的利率就应有所提高，来增强竞争能力。

投资问答录

问：专家您好，我想知道除了债券的发行主体以外，还有什么原因可以影响债券的兑付能力？

答：除了从发行债券的主体考虑以外，还应该从市场的角度进行分析。比如税收情况、市场上的利率风险等。这些都会影响它的兑付能力，所以我们在进行投资债券时，系统性的风险也是必须注意的。

债券与利率之间的关系

利率与债券之间是成反比例关系的，市场利率越高，那么债券的价格也就越低。

当市场利率上升时，人们对未来的预期收益较好，希望能够得到较高的利息收益，因而吸引了更多的投资者投资短期债券，也就是说商业银行会得到更多的投资，更多的收益。

当利率上升到一定程度以后，货币的供应量就无法满足社会发展的需求量，中央银行就会制定宽松的货币政策，来增加货币供应量，利率就会下降。这个时候，理性投资人会更加热衷于长期投资，比如说长期债券、基金、保险等。这样一来，短期债券市场的投资额度就会减少，商业银行获得投资数额减少，利润自然也会下降。

债券的价值本质

债券的价值就是债券的本金与利息之和。由于受到债券市场持续性发行的因素影响，因此，投资者可以假设为在任何时间段都会买到国债，投资者在选择债券的时候要充分考虑当前债券的实际收益率是否符合市场认可的价值。

比如近期银行提高了利率，因为以前发行的债券利率没有发生改变，为了让市场认可以前发行的债券品种的交易价格，该债券只有通过调整收益率的办法来适应市场的价值定位，从而有效地稳定市场。（例如5年前曾经发行的10年期国债和当年发行的5年期国债，它们到期日基本相同，而到期时国家是按照面值来支付债券本金的，由于5年前发行的10年期国债票面利率较低，所以只能从价格下跌中补偿它的实际的收益率，保持新投资者购买这两种品种获得的收益率基本一样。）

所以，当利率出现上涨时，一般固定利息债券的价格就会下降。

也有一些特别的债券。如浮动利息债券，由于债券的利率随市场变化而增加或减少利息，因此，加息的情况下，浮动利息债券的价格不一定下降。

债券价格的决定因素是由三个重要变量构成：债券的期望收益值，可以依据票面金额、票面利率和期限来计算；债券的等待偿付期，从债券发行日或交易日至债券到期日止；市场收益率，与该种债券风险相同的其他金融资产的市场利率。

债券的交易价格与市场利率之间成反方向变化，假如市场利率上升，那么债券价格就会下降；与之相反，市场利率下降，债券价格就会上升。

在了解债券的交易价格与利率关系的时候，投资者应该了解在债券市场获利的原理。比如说投资者购买一份8年的政府债券，就等同于借钱给政府达8年之久。在今后8年里，政府会定期依据债券的利率支付利息给投资者，并于支付最后一期利息时偿还本金。假如说债券投资者一直持有至到期日，期间的利息是定期支付的，到期时才能收回票面价值的现金。如果投资者在债券到期之前卖出债券，就可以按照当时的债券价格获利。

债券价格受市场供求影响比较大。一般情况下，当利率预期下降时，债券价格就会上升，这是因为有更多投资者会选择用手头现金购买债券来获得固定的利息。在这种情况下，投资者便可以获得利息，还可卖出赚取差价。所以，当投资者预期利率走势是长期下降时，就可以考虑增加对债券的投资。

投资问答录

问：请问专家，如果市场上的利率预期是下降的，我们如何进行操作？

答：假如说投资者预期利率在一段时间后会下降，便可以计划累积或增加债券投资的比例。在现实生活中，由于债券市场与股票市场关联性很小，投资者将一定数额的资产投资在债券市场中将有助于分散风险，使投资组合的整体回报更加稳定。

特别注意的是可转换债券，因为其特殊的条件，个别可转换债券或多或少会受到股票波动的影响，所以投资者在投资可转换债券的时候，应该考虑股票对其的影响。

第七章

学会相对低风险高收益的基金投资

新基民买卖基金应遵循的程序和步骤

基金作为一种比较基本的投资工具，为一些不太善于投资的人士带来了能够进行投资的机会。在投资之前，我们应该了解一下怎样开立账户和如何操作。

第一步，阅读相关说明。投资者进行投资之前，必须认真阅读基金招募的相关说明，然后了解一下相关的开户流程。还要对基金的投资目标、投资策略、投资方向、基金管理人业绩水平，以及开户需要的条件、交易的具体规则等重要信息也要了解，对于基金购买涉及什么样的风险、收益利率是多少应该有一个总体的评估策略，以此作为依据。基金的相关资料可以在网上进行查阅，做到心中有数。

第二步，开立基金账户。投资开放式基金的投资者必须到该基金管理公司指定的销售网点开立基金账户。根据有关规定，在基金开立合同上应该明确当事人各方的权利和义务，以及具体的操作程序和规则，还要在基金网站张贴便于查询。

第三步，买入基金。我们把买入基金称为对基金的认购，认购在经济学上指的是在开放式基金募集期内，投资者购买基金单位的过程。一般情况下，认购基金的价格包括基金单位面值和销售基金的费用。投资者认购基金需要填写认购相关基金的申请表，在账户内存入足额的基金认购款，带上本人身份证原件，然后向基金销售机构确认认购结果，并且可以到基金销售网点打印成交确认单。申购是指在基金成立以后投资者向管理基金的机构申请购买基金的过程。投资者在申购基金时必须填写申购申请书，缴纳申购款项，款额一旦交付，就表明申购申请发生了效用。以基金单位资产净值为基础计算申购基金单位的数量，具体计算方法应该符合有关监管部门的规定要求，并在基金合同中明确写出。

第四步，卖出基金。投资者卖出基金，也就是把自己手中的基金按照一定价格卖给基金管理人变现，获得现金，我们也将其叫做赎回。卖出即赎回的金额是按照当日的单位基金资产净值为标准而计算的。投资者卖出基金的时候也应该到基金销售机构填写赎回申请书。按照我们国家的有关规定，基金管理人应该在收到基金投资者赎回申请书起，在3个工作日内对基金赎回的有效性进行确认，并应当在收到基金回购申请书7个工作日以内，支付赎回的资金。

需要特别注意的是，对于开放式基金投资者来讲，除了卖基金赚取差价以外，还可以向基金销售机构办理基金转换、红利再投资等获利方法。

在出现一家基金管理公司同时管理多只开放式基金的时候，基金投资者可以将手中的基金转成另一只基金，前提是归属于一家基金管理公司。基金转换费用非常低廉，甚至有些基金不收取转换费。

将基金的分红再次投入到基金的购买或者直接转换为基金的过程，就是红利再投资。由于红利再投资没有发生现金流出的现象，所以说，红利再投资不存在申购费用的问题。

投资问答录

问：请问专家，什么是基金？它与股票之间有什么区别？

答：基金简单来说，就是将资金集合起来做金融产品的投资。每个人手里的资金是非常有限的，单个投资的费用又比较大，而且相对承担风险的概率也比较大，为了分散风险，增加投资者的收益率，就可以选择基金的方式进行理财。投资者的投资知识非常有限，如果进行基金投资的话，由专业的理财投资管理人员进行操作获得利润的机会就会大大提高。由于基金的产生是依附于金融市场的，所以相对承担的系统性风险也比较大，其收益会因风险减少甚至损失本金。

刚才提及关于与股票的区别，就是基金可以作为一种投资载体，可以进行股票的买卖，通过资金组合来优化投资。然而股票是把资金转换成为上市公司的股份，也就是说投资者承担了公司的经营风险。

挑选基金的基本技巧

通常情况下，投资者把基金作为一种长期的投资方式，所以在持有基金的过程中，不应该只持有一只基金，投资者应该按照多种基金组合的方式进行投资。投资者在选择基金的时候应该学习一下选择的技巧。

第一，要了解基金管理者的投资能力。如果出现了一个获利的机会，基金管理者能否抓住投资的最佳时机，进行优化组合。对于市场的绩优股能否合理把握，基金经理应该具备选股能力和对经济趋势的观察能力。还需要特别注意的是，基金经理是否存在管理其他基金的情况，有的时候，一位基金经理管理多只基金的时候，可能会出现交叉持股的情况。

第二，投资者要具备一定的相关投资知识，适当的选择行业基金。比如钢铁产业、出口企业等，随着市场上行业基金数量的增加，这类基金由于有自己的投资范围，遭受风险的程度也就降低了。

第三，要关注同一个基金管理公司的其他基金的走势。如果一个基金管理公司管理的多个基金业绩表现都非常优良，投资者就可以考虑申购这个基金管理公司的新基金，这也对我们研究判断基金管理公司是一个重要保障。一般情况下，信誉良好、规模大的基金公司比较重视基金经理的个人发挥。

第四，认购基金强于申购基金。有一位著名的理财分析师说过，同一只基金在发行时认购的费率和正处于封闭阶段的申购费率区别非常大，一般情况下申购的费率要比认购的费率高。

第五，在网上订购基金会享受手续费的折扣。据业内人士透漏，现在很多银行为了快捷方便，推出了网上认购基金，而且银行对网上基金的交易给予优惠，比如说在网上自助开立基金账户享受免费的优惠，在网上操作基金时还会有手续费的折扣。

第六，巧用基金转换业务。目前市场上那些实力雄厚、规模比较大的基金公司都会办理基金转换业务，而且转换费用较低甚至不收转让费。在经济震荡的时期，投资者把风险大的基金类型转成风险小的基金类型，不仅能够有效地规避市场风险，而且能够节省花费。

还有一些情况是投资者要特别注意的，预判是否应该购买这支基金需要参考两个方面：其一，基金管理团队的投资效益是否良好并且内部人员比较稳定；其二，未来市场表现良好的概率。当这两个内容出现变化，可能就需要作出调整。还要应该注意的是，基金定投这种方式是一种克服心理弱点的好方式，有规律的操作可以规避市场的风险，获得不错的收益。

基金适合长期的投资而不是说持有一只基金不变，投资基金应该按照需要而安排。业内人士介绍，购买基金就是对基金管理者能力的投资，但是如果出现这三种情况就不宜做长期投资：一是基金经理能力不够，投资潜力不大；二是基金管理者的投资风格变化少，只能接受一种市场环境，长期的投资状态不良；三是基金管理公司的内部变化幅度大、基金管理者变动多等因素，都会直接影响基金投资的业绩。

随着现在资本市场的飞速发展，对于投资基金而言，长期持有不是最好的选择。但是，调换基金不等于短线操作，相对来说，基金还是一个长期性的投资工具，而且不断地调换基金，其交易成本也比较高。

投资问答录

问：请问专家，基金的投资类型比较多，像我们这种风险承受能力比较弱的人适合投资什么样类型的基金呢?

答：基金的种类很多。比如说保本型的基金、养老型的基金、股票型的基金、债券型的基金等等。根据抗风险能力的不同，基金的风险类别也不相同。作为一个风险偏好比较小的投资者来说，比较适合保本型的基金，这种基金的优点就是安全，风险小收益稳定，但是没有股票型基金的利润高。还要说明的是，有的基金是按照一定的风险级别组合而成的，且风险适中获利也较为丰厚。

把握好买卖基金的最佳时机

股票投资的要点是选择股票的时机和所选股票的种类，但是很难把握这个契合点，基金的选择与股票投资有相同之处。我们国家基金投资领域发展还不是太广泛，所以选择合适的基金比较容易。在基金买卖中时机的选择尤为重要，出手时机的把握有很大的学问。通过调查研究发现，如果每次都从最高的价位进仓与每次都在最低的价位进仓，两者的回报率从长期的角度看相差将近12%。

读懂基金申购的原则

基金投资比较适宜做长期投资。从长期投资角度来看，短期市场上的波动只不过是长期趋势线的细微变化而已，挑选一个信用良好、收入比较稳定的基金，投资的期限长一些，比如3~5年，一定会有收获。

基金优惠与免手续费。在现在的行情下，基金公司在发行基金份额的时候，为了吸引更多资金的加入，一般会选择那些业绩实力比较好的基金，还能享受到打折和免手续费的优惠，一举两得。

经济周期与买卖契机。经济发展都有其必然循环规律，一个经济周期包括衰败、复苏、发展、膨胀这几个阶段。正常情况下，经济周期衰退到一定程度就会逐步复苏，在这个阶段投资股票型基金最为合适。当明确知道经济处于低潮的时候，应该增加债券基金这些低风险基金的比重。当经济运行速度逐步趋于缓慢，要不断卖出手中的基金，或转换成为收益稳定的基金产品。

基金的发行与股市的关系。从实际意义上来讲，基金是股票、债券等理财产品的金融衍生品，基金的实质就是将个人的资金集合起来投资相关的理财产品。而股票价格的涨跌也就直接影响到了基金的盈亏。在整体经济形势不好的情况下，基金的募集就比较缓慢，而且价格也比较低。当经济形势开始复苏、兴盛以后，会有更多的投资者愿意申购基金，从而使基金的募集比较容易，而且基金也有比较好的收益率，由此，基金的价格也会向上浮动。但是因为基金的性质有区别，所以各只基金也会有不同的表现。

掌握卖出基金的时机

只有在卖出基金获得利润的时候才能确定基金的好坏。卖掉基金与卖掉股票有相同之处，基金卖掉以后可能它的净收益还会增长，找一个恰当的卖出机会不是很容易做到的。但我们不难发现，只要遵循股票的原理，也可能在最接近顶部的时候卖出，实现较好的收益。

基金管理者出现经营问题，应当立即赎回。基金管理者与投资基金的人士所追求利益有所区别，这样就无法避免基金投资者会承受道德风险。比如说投资者发现基金管理者利用自己的资金作为输出资本的工具，也就是说，基金管理者为了谋求特殊利益，损害了投资者的权益，投资者可以立即赎回，不要再贪图难以获得的利益。

卖出业绩不良的基金。基金投资的方式与股票投资的方式有所区别，所以基金比较适合长期的投资。但是基金也会有持续业绩状态不好的时候，如果说这个基金已经连续有3个月或是半年的亏损，投资者又继续持有半年后它的业绩还是没有什么变化，应该坚定地卖出，换成那些业绩优秀、表现很稳定的基金。

投资基金要卖在行情高涨之时，买在行情低迷之时。一般情况下，经济景气循环的高低对股市会产生很大的影响，在宏观经济景气度很高的情况下，基金的价格也会随之上涨，因为市场总是公布好的消息，上市公司业绩也会很好，购买基金的基民的热情就会高涨，成交量上升，这个时候就是卖出基金的最佳时机。相反，当经济形势不景气，宏观经济指标低落，上市公司的业绩开始下滑，基民心中对外来的预期下降，股票市场行情也随之下跌，此时就是买入基金最佳的时间。

考虑基金的费率规定，选择合适的赎回时机。基金管理者在募集资金招揽投资者的时候，倡导基金的长期投资理念，设定了不同基金的费率区别。比如说投资者持有半年以上，赎回费率减半或者全免。所以在卖出基金的时候，要清楚相关赎回费率的规定。

投资问答录

问：请问专家，通过对基金投资的认识，我感觉基金的收益与股市趋向相同，在股市行情好的状态下，基金的行情也会大涨，是否基金与股市的走势是一致的呢？

答：在基金市场有这种说法，但是不是特别准确，股市作为经济的晴雨表，能够充分地表现市场的变化，但是不能代表所有基金的行情。基金的类型多种多样，除了股票型的以外，还有债券型的、综合型的。这些基金种类投资的项目可能是债券、可转换债券等，

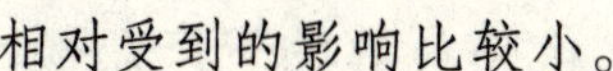
相对受到的影响比较小。

基金净值的计算方法

对于大多数投资者来讲，基金净值的波动是关键问题，因为开放式基金的利润状况主要就体现在基金净值上，而市场上的封闭式基金的收益仅关注净值的变化是不够的，还要看封闭式基金在二级市场上的市值。

基金的单位净值和累计净值

基金如何计算净值呢？从理论上讲，我们所说的基金资产净值是指在某一基金估值时点上，按照公允价格来计算的基金资产的总市值扣除负债后的余额，该余额是基金单位持有人的权益。按照公允价格，计算基金资产的过程就是基金的估值。基金的估值会存在一定的偏差。

单位基金资产净值，即每一基金单位代表的基金资产的净值。单位基金资产净值计算的公式为：

单位基金资产净值=（总资产-总负债）÷基金单位总数

公式中，总资产指的是基金所包含的所有资产（包括股票、债券、银行存款和其他有价证券等）按照公允价格计算的资产总额。总负债是指基金运作及融资时所形成的负债，包括给付别人的各项费用，应该负责的资金利息等。基金单位总数是指当时发行在外的基金单位的总量。

除此以外，要注意的是，累计单位净值和单位净值的定义并不是完全一样的。累计单位净值的公式是：

累计单位净值=单位净值+（基金成立后所有分红派息的总额÷基金总金额

因而，成立的时间越长，从理论的角度看，累计单位净值可能也就越高。

基金估值的原则

计算单位基金资产净值的关键是进行基金估值。基金一般都是分散投资于资本市场的各种投资工具，如期货、股票等，由于这些资产的市场价格会随着市场波动而变化，所以，只有每日对单位基金资产净值重新计算，才能及时有效地反映基金是否存在投资价值。

需要大家注意的是，基金净值的多少与选择基金上关联不是特别大，基金净值未来成长发展的趋势才是判断投资价值的重要因素。

由于开放式基金每天按交付价格进行申购和赎回，因此开放式基金的净值一天将会发布一次。而封闭式基金不能够在市场申购和赎回，只能作为上市交易的参考，公布净值的时间为一周一次。封闭式基金的成交价格是买卖行为发生时已经明确的市场价格；而开放式基金的基金单位交易价格则取决于申购、赎回行为发生时尚未确知的单位基金资产净值。

基金单位净值的计算主要有两种方法

已知价计算法。已知价是指前一个交易日的收盘价。已知价计算法就是基金管理人根据上一个交易日的收盘价来计算基金所拥有的金融资产，包括期货合约、债券、股票、认股权证等的总价值，加上现金价值，然后除以已发售的基金单位的数量，得出的就是每个基金单位的资产净值。假如采用这种已知价计算法，投资者当天就可以知道单位基金的买卖价格，使之能够及时进行交割买卖。

未知价计算法。未知价又叫期货价，是指当日证券市场上各种金融资产收盘时候的价格，即基金管理人按照当日收盘价来核算基金单位资产净值。在使用这种计算方法的时候，投资者当天不知晓自己买入或卖出的价格，要在第二天才知道单位基金价格。

投资问答录

问：请问专家，基金有开放式和封闭式两种，我们应该如何选择呢，哪种方式比较好？

答：这两种都可以选择。在投资过程中，这两种基金都有其优缺点，一般大家比较认可开放式基金，因为它的流动性比较强，能够保证资本的优化配置调整，而且功能广泛，可以把持有的基金转换成为同一基金公司的其他基金，对市场的风险有一个良好的防范功能，比较封闭式基金的到期赎回的方式更加的灵活。

基金投资组合及其关键特性

FoF 式基金

有很多对于基金不是特别了解的投资者，面对市场上花样翻新的基金，难免会觉得犯晕，这时不如考虑一下 FoF 式基金。

FoF 英文全称是（Fund of Fund），意思很明确，是指基金中的基金，它的投资项目是投资于其他证券投资基金的基金，可以帮助投资人一次持有多种基金，通过基金专家二次精选基金，可以有效降低非系统风险。

FoF 式基金的收益比较高，同时它的补偿机制是其他基金所没有的。一方面，FoF 式基金将多只基金组合在一起，就相当于投资了多只基金，比分别投资基金的费用减少了不少；另一方面，此类基金的销售方式比较特殊，FoF 式基金完全采用基金的法律形式，按照基金的运作模式进行操作；FoF 式基金中包含对基金市场的长期投资策略，所以说它是一种比较适合长期的方式。

FoF 式基金通过对基金的组合投资，很大程度上降低了投资基金的风险，非常适合偏好较低风险的人。

基金公司的基金组合

现在基金公司一般都会推出不同种类的基金组合，每个组合内都包含几种不同的基金类型。

比如某基金公司推出的基金优选组合方案，这个方案不仅对股票型基金和债券型基金做了合理配置，而且根据投资者的风险承受能力，制定了两款不同的优选组合。其中，第一个基金组合是由该公司的生活混合型基金（占组合比例的70%）与收益债券型基金（占组合比例的30%）组成，属于中等风险收益的水平，较为适合稳健型投资者；而第二个是在第一个组合的基础上增加了该基金公司的红利股票型基金的配置，提高了风险收益等级。投资者可根据自身的实际而挑选适合的种类。

掌握基金组合的四个关键特性

多样性。投资基金组合产品累积不能简单，形式不应过于单一化。投资者不应该简单地在同一类型基金产品中进行优选，而应该进行多种方式的组合，除了将不同类型资产进行组合外，还需要购入保本型的基金防范风险，既能获利又能防范风险，最终可以达到分散投资风险的目的。

灵活性。投资基金组合的配置方式不是固定的，投资者不能用静态的观念去看待基金产品的净值变化，而是应该根据基金各类产品的盈余亏损状况，合理的做出相应的调动。还要注意的是，这种调整不是跟风盲目的，还应注重自己的投资目标和策略。

稳定性。基金组合的关键就在于保持充分的稳定性，既不能在不同类型基金产品中来回买入卖出，也不可以随意地变换组合的重点，这样会导致自身的投资风格和策略的改变，背离了自己当初的投资目标和计划。

持续性。投资者选择哪种基金组合方式的最终目的，是为了追求基金组合收益的最大化。因此，坚持基金组合的长期性和持续性对于投资者构建投资组合起着非常重要的作用。作为投资者，应该具有长期投资的观念。

投资问答录

问：请问专家，我们在挑选基金的时候，应该看重累计净值还是基金净值？

答：一般情况下在挑选基金时参考净值和累计净值都很重要。基金的净值是指你所买的基金现在每股的价值，而累计净值是包括你所买的基金现在的市场价值和每股基金累计红利二者加到一起的价值。简单地说，累计净值所体现的是历史收益状况，而净值所体现的是现在的收益情况，所以这两点要并重，都不能忽略。

保本型基金的优点

股票市场的震荡是时常发生的，而且风险很大。对于年轻的投资者来说，投资保本型基金是一个不错的选择，保本型基金既可以

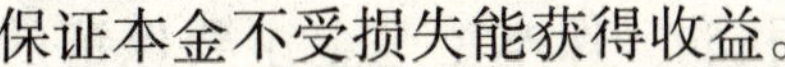

保证本金不受损失能获得收益。

保本型基金，就是以保证本金和获得利润为目标的基金。无论涨跌，保本型基金的经营都不会让日常生活受到影响。我们作了一个比较，保本型基金有以下几个特点。

本金有保障

保本型基金最具特点的就是让持有者的基金到期后保证本金不受损失。所以，投资这种基金对风险承受能力弱的投资者更有保障。也正是因为这个特点，使得这种基金的投资风险明显比其他基金的风险低，特别适合承受不住风险，但又希望能够在资本市场上获得利润的投资者。

增值潜力大

保本型基金与国债投资相比，获利的空间更大。因为保本型基金在保证投资者本金安全的同时，还投资各类金融产品保证收益，所以说增值空间非常大。

半封闭性

保本型的基金都会有一定期限的保本期，基金持有者只有在基金认购阶段买入的基金，才可以具有保本的权利。保本期以内卖出基金不会享受保本的待遇，投资者不仅要自己承担基金净值波动的风险，而且还可能花费较高的赎回费用。保本型基金的这个特性可以给以中长期投资为目标的投资人一个保证。

我们从保本型基金的特点可以发现，保本型基金的投资风险很低，但还需要注意的是，风险低并不意味着投资者就可以高枕无忧了。在投资保本型基金的时候，还应注意以下问题：

第一，保本型基金保本金不承诺利润。保本型基金主要保证的是本金的安全而不是保证赢利，它不能保证投资这种基金一定会赢利，也不界定最低的收益率。所以，投资保本型基金的风险就在于保本到期日只可以收回本金，或者是未到保本到期日赎回花费的费用。特别还要说明的是，保本型基金对于本金的保护还是有区别的，按照各基金的风险类型有的保本型基金承诺保证的金额可能还会低于本金（保证本金的95%），有的会持平或者高于本金的数目。

第二，保本型基金的期限规定。与银行保本型理财产品相同之处是，保本型基金也有一个固定的保本期限。保本型基金只能在保本期结束之后可以赎回，能够向投资者偿还全额或者更高保证的资金。所以说，投资者如果到达到期日，收回本金也并不困难；如果基金操作获利的话，基金投资者还有可能得到一定的收益。

第三，保本型基金赎回比较困难。针对投资保本型基金的持有人，保本型基金有基础保本期限，都设有定期赎回的制度。假如投资者想提前赎回本金，保本型的基金将不再提供本金保障，只能按照市场上的基金净值来赎回所占份额，特别是赎回还会发生一定的费用。

总的来说，比较其他基金投资，保本型基金可以说是最安全的基金投资了。但是投资者在投资保本型基金之前，还应认真地阅读办理申购保本型基金的有关规定。此外，还可将风险程度不同的金融产品进行组合，不仅可以使资金稳固，还可以获得更高的收益。

投资问答录

问：我在买基金时，选择哪种收费方式更好呢，是购买时还是赎回时？

答：应该选择赎回收费方式。基金管理公司在发行和赎回基金时均要向投资者收取一定的费用，其收费模式主要有购买时收费和赎回时收费两种。购买时收费是在购买时收取费用，赎回收费则是赎回时再支付费用。在赎回时收费模式下，持有基金的年限越长，收费率就越低，一般是每年按一定的速度递减，可能到最后不发生手续费率。所以，假如你想长期持有该基金，选择赎回收费方式更加有利于降低投资成本。

第八章 学会风险高收益也高的股票投资

熟悉股票的相关知识

随着经济的逐步发展，越来越多的人参与股市投资，股市投资已经成为一种重要的理财工具。现代人追逐新鲜感的越来越多，股市的风险性和高回报对他们有着非常大的诱惑，越来越多的人开始进行股票投资。

股市的风险是十分巨大的，高回报的情况总是伴随着高风险。对于刚刚步入社会的年轻人来说，在社会经验和风险心理承受能力方面都比较弱，尽量不要去炒股。如果特别想尝试一下，一定要做好充足的准备工作，有目的地学习股票操作的相关知识，了解炒股的基本常识，这样你才有可能在股市中有所收获。

股票的真正意义

股票是一种有价证券，是股份公司在筹集资本时向出资人公开或私下发行的、用以证明出资人的股本身份和权利，并根据持有人所持有的股份数享有权益和承担义务的凭证。

例如你买了四川长虹的股票，你就成为四川长虹的股东之一；如果你拥有四川长虹股本的10%或以上的股份，那你的观点可以影响到公司的决策，那么你就被称为大股东，小额投资者就是散户。

炒股要么通过买卖价差进行获利，要么就从股票的股息和红利收入获利。

股票的特征

股票具有稳定性。从时间上看，股票的期限就是上市公司存在的期限，也就是说只要公司存在，那么股票必然存在。股票一旦买入，持股人不得退买，只能在股票交易市场卖给股民或机构。股票转让只是名义上股东的变化，不会影响到公司的运行。

股票风险比较大。股票是一种高风险的投资工具。影响股票价格的因素比较多，比如说公司经营状况的好坏、供求关系的变化、银行利率调整、投资者的心理预期等等，都会使股票价格不断变化。股票价格的变化虽然不会干扰上市公司的营业活动，但是会造成股息和红利的变动，价格的下跌会对投资者造成损失。

股东的权利与义务。股东的权利有出席股东大会、选举公司董事会，参与公司重大决策等。我们要注意的是，权利的比重因占股比例不同而有区别。从现实当中看，只要股东持有的股票占到一定比例以后就可以拿到控股权。股东要遵守法律法规和公司章程，按时足额缴纳出资，不能损害公司和其他股东的利益，以及公司债权人的利益。

股票可以自由买卖。股票的流通性是指股票在不同投资者之间的可交易性。可流通股数越多，成交量也就越大，价格对成交量越不敏感，股票的流通性就越好，反之则越差。

学习股票的专业术语

开盘价：指每个交易日开市后最先的一笔买卖成交价格。

收盘价：指每个交易日结束前最后的一笔交易的成交价格。

最高价：指当天股票成交的各种不同价格中最高的成交价格。

最低价：指当天成交的不同价格中最低的成交价格。

成交数量：指当天成交的股票数量。

成交额：指当天股票成交的价格总额。

升高盘：指开盘价比前一天收盘价高出许多。

开低盘：指开盘价比前一天收盘价低出许多。

换手率：也称“周转率”，指在一定时间内市场中股票转手买卖的频率，是反映股票流通性强弱的指标之一。

市盈率：在一个考察期（通常为1年的时间）内，股票的价格和每股收益的比率。

配股：是上市公司向原股东发行新股、筹集资金的行为。

成交量：指一个时间单位内对某项交易成交的数量。

普通股与优先股

按照股东的权利，可以把股票分为普通股和优先股。

普通股是随着企业利润变动而变动的一种股份，是股份公司资本构成中最普通、最基本的股份，它是股份公司资金的基础部分。

优先股是指股份有限公司在筹集资本时给予认购者某些优先条件的股票。

投资问答录

问：专家您好，请问我选定了一只股票，在购买时有最低数量的限定吗？

答：您好！购买股票时的最低数量限定是有的。股票交易的基本单位为1手，即100股。一般情况下，投资者买卖股票最少要1手以上，以1手的整数倍买卖，不能够买卖小于1手的股票即所谓的零股，比如说50股。不过还有一种情况，就是在上市公司融资扩股时，投资者按照配售的比例才有可能会被允许购买零股。

卖出股票有技巧

卖股票不是一件容易的事，从经济学角度看，卖出股票比买进股票更加困难。而在特定时期卖出股票的方法又不相同，比如很多人只赚了一点点钱就卖出了股票，看着卖出的股票一路上涨又无计可施；也有不少人为多赚一点儿钱，在行情将要到达顶部，个股已经开始大跌时，还要进仓持股，该卖的时候又不卖，造成了很大损失。

从个人感情上说，卖股票是让人难以抉择的事。比如股票价格上涨的幅度已经很大了，但还是觉得股票还会继续上涨，如果这时卖掉股票就会少赚了很多钱，此时完全不考虑股市上的风险，这就是因为太贪婪了。再比如说股票出现下跌甚至已经亏损了，卖出股票的人将会很痛苦，卖出以后就不是数字的变化，而成为实际的亏损了。但是不忍心“割肉”，就丧失了调仓换股的实力，抛出现有股票是为了进一步的投入。

所以，到了卖出条件具备的时候就应该平仓，不要求手法多高明，卖出多巧妙，但是要出仓顺利，卖得合理。以下几种方法都比较适合卖出的操作：

第一种，在市场持续下跌的情况下，走势异常的股票应立即卖出。如果所持有的个股走势比较异常，可能表明将来这只股票会在尾盘的时候出现拉高的情况，应当立刻卖出。股票在停盘前上升，说明主力资金缺少护盘的能力，使盘面无法维持。

第二种，当股票价格在一定的阶段出现底部的时候，可以适当地补仓进入。由于此时股票价格和曾经买入的价格相差比较大，如果这时卖出的话就会受到很大的损失，可适当买入股票来降低总成本，等待下一次的行情再逢高卖出。这种卖出方法比较适合股票底部的操作。

第三种，在下跌的最初期，股票的价格下跌幅度很小，还没有被套牢，应该平仓卖出。这种时候特别考验投资者的决心意志——是否可以果断卖出，及时平仓卖出，才能减少损失。

第四种，如果股票价格已经下跌很多，这时卖出做止损也是惘然的，在下跌很多后极有可能会出现上涨冲高，可以选择适当的价格卖出止损。

我们应该明确的是，每种方法都有它的缺点，使用的时候应该谨慎。还要注意的是，在顶部卖出的机率很小，不能过多的计较利润，以免造成心态影响。

投资问答录

问：专家您好，我想知道股票短线应如何操作？

答：作为短线投资者，一定要具有围棋选手一样的判断和勇气，能及时改正自己的错误。不管是理财专家推荐，还是获得了重大的利好消息，都应将个股的10日均线作为重要止损位，情况有变应及时进行止损，无条件的全部出局。止赢可以灵活一点儿，一般止赢线掌握在25%的收益，大盘行情下跌的时候，止赢线掌握在10%的收益，假如已经获得了10%的收益就应该卖出50%的股票。

选择股票的技巧

巴菲特对于自己经营股票多年之后总结了一句话："永远只买你宁可跑好几条街都非买这家公司产品不可的这家公司的股票。"而且事实证明了，给巴菲特带来巨大收益的也正是这些股票，如麦当劳、可口可乐、吉列、华盛顿邮报、联邦捷运公司等。洛克菲勒在投资股票时，也特别注重公司的盈利能力与成长性。

与此相比较，中国的投资者在选择股票的时候似乎草率了很多，他们更多注意的是庄家的动态，热衷题材的炒作。无法否定，中国股市上许多股票的价格，与上市公司本身运行状况并没有太大的关联，反而庄家的操控和题材的炒作可以使股价出现巨大的变动。因此，有时候散户更加关心庄家或是题材，而不是上市公司本身。这种现象本身就不是正常的，而且是缺乏理性的。

随着股市的不断完善，个股的选择已经越来越突出其重要性。选对了股票，清仓获利，而选错了股票，那就可能被"深套"。那么，面对众多的上市公司的股票，我们应该如何的选择呢？

在股票交易时，我们通常会留意到外盘、内盘的指标。通过外盘、内盘数量的大小和比例，投资者可以看到是买入的多还是抛出的多，并可发现庄家的动向，这是一个很有效的短线指标。但投资者在对外盘和内盘进行分析的时候，要注意结合股价在不同价位的成交情况以及股票的总成交量情况，因为外盘、内盘的数量并不是所有的时间都是有效的，在许多时候外盘大，股价不一定涨；内盘大，股价也不一定会跌。庄家可以通过操控内外盘的数量而欺骗散户。在大量的实践中，我们会看到以下几种情况：

1．股价已经经历数波下跌，价格偏低，成交量萎缩。此后，成交量开始逐渐增加，当日外盘数量增加，大于内盘，股价上涨概率比较大，此种情况较可靠。

2．在股价经过很长时间经历数次上涨，价格位置较高，成交量很大，并且成交量不再增加，当日内盘数量放大，大于外盘，股价下跌空间大。

3．在股价阴跌过程中，总是有外盘大于内盘的情况，此种情况并不代表股价会上涨。因为有些时候庄家抛出几单就会致使股价下降到较低的位置，然后在卖1、卖2挂卖单，并且自己买回来，造成股价的暂时稳定或是小幅的上涨。此时的外盘明显大于内盘，使散户认为庄家或机构吃货，而纷纷买入，结果第二天股价仍旧下跌。

4．在股价上涨过程中，时常会有内盘大于外盘的情况，这种情况并不代表价格会下跌。因为有些时候庄家用几笔买单将价格推高，然后股价出现回调的时候，在买1、买2挂买单，一些散户以为股价会下跌，纷纷抛出股票，但庄家分步挂单，通通买进。这种先拉高后低位挂买单的手法，一般会显示内盘大、外盘小，迷惑散户，待筹足一定筹码以后再将股价推高。

5．股价上涨的幅度很大，如某日外盘大量增加，但是股价没有增加，投资者要警惕庄家制造假象，是庄家要准备出货。

6．当股价已经下跌了很大的幅度，如某日内盘出现大量增加，但股价却不跌，投资者应该警惕庄家的伎俩，是假打压真吃货。

通过对价格、量的变动，发现有升值潜力的股票，是短线投资者必须要掌握的。具有上升空间的股票会有这样的特点。

1. 成交量持续增加，但是股票价格并没有上升。如果盘中出现股价上升到一定的程度又被回调，则更为可靠。这是主力建仓的信号。

2. 量增价涨，换手率增加。换手率是指某只股票在一定时间内成交的股数与流通股数之比率，通常用百分率来表示。换手率表示资金流入某股的相对量。根据价量关系分析，换手率越高，表明股价的走向也就越明朗。

当某只股票的价格已经上升到一定程度的时候，在这一较高价位上累积换手率充分，并且价格坚挺，则表明该股会迎来新一轮的上涨。当日资金流向排名表为看成交量选股提供了便利。

3. 价格逐日稳步上升，大盘指数下跌其回落或是逆市上涨。这通常是出现某种重大利好支持的表现。价格升涨持久但是并不迅速，走势呈台阶形，要注意观察这种股票。但要小心的是，当股价已上升相当幅度，然后股价还持续的飙升，可能是因为庄家已经快清完仓，这样的股票不能轻易进入。

投资问答录

问：专家您好，我是一个投资的新人，怎样才能选择优良的股票呢？

答：投资新手的经验一般都比较差，建议以防范风险为主。优良股特征是，发行股票的公司经营状态良好，利润增长平缓，前景好；市场流量大，交易量比重大，股价不断上升；股息较容易获得，分红较多，而且每年会定期的分红给股东。如果一只股票能够达到这些条件，我们就可以尝试一下。但是，股市中的风险是无法预测的，还要进行投资大环境的分析，这样才能保证投资的安全性。

利用“股票价格相对强度”来选股

这里所讲的“相对强度”其实指的是个股与大盘之间的强度。

举个例子来说，假如在一段时间内，单只股票上涨接近20%而大盘上涨却只有10%，那么就说明个股强于大盘走势。事实上每只股票的走势都与大盘密不可分，不能只考虑个股而不去关注大盘的走势，没有大盘对比投资者无法去计算相对股票价格的强弱。而对于做短线的人士来讲，个股的强弱决定着是否介入。

投资者在进行个股与大盘相对强势的比较过程中，可能会很容易地找到计算方法，也就是说在某一个特定的时间段进行大盘与个股的涨跌幅进行比较。计算方法没有错，但是结果并不是太准确，它最大的缺点就是在于这只是一个时间段的比较。投资者经过认真地观察就会发现，相对强度的比例关系不是固定不变的，也可能在尾盘的时候个股的增长率与大盘相持平，在特定的时间范围内个股的走势并没有大盘那么强，这应是投资者值得关注的。因此在计算的时候应该把基准日的涨跌幅度记录下来，如果觉得这么做比较困难，可以通过炒股软件去操作。

在炒股软件里会有一个叫做添加技术指标的功能。投资者利用这一功能可以把自己需要的指标输入进去，对于计算“相对强度”

来说，就比较容易了，计算方法如下：

相对强度指标=股票价格÷大盘指数×100

假如在某一个日期内，股票的价格是10元，而上海证券交易所报出的大盘指数是2000点，那么该日的指标强度数就是10÷2000×100=0.5。

将这个指标乘以100是为了看起来更方便一些。

当投资者将这个指标通过电脑显示出来时，不难看出：对于那些单只个股来说，所看出的相对指标数就是一个走势线，也就说明大盘的走势与个股的走势完全不同。如果这条相对强度线是向上突破的，股票的走势就会大于大盘，如果相对强度线走势在大盘的下方说明个股的走势弱于大盘走势。

当投资者在K线图中去观察相对强度线时，就能对个股的走势一目了然了，可以很清楚地看到在哪个时间段走势比大盘强，在哪个时段比大盘弱。

股票价格波动的时候有一个现象很难让我们去理解：下跌容易上涨难，如果出现股票价格的走势强于大盘的时候，特别大盘出现下跌的情况而个股的下跌幅度小于大盘的幅度，这种现象必然是受到外部力量护盘的作用。这外部力量可能是：有新的主力介入，老的主力增持股份，大型机构或个人大资金的进入，我们应该从强度上去分析这只股票护盘力量的来源。

新的主力构建仓位，投资者先不要去跟进，这时需要做的就是密切关注股票的变化，因为新的资金量的进入必然会让股票呈现一个新的态势。任何一个主力资金都会将这只股票价格拉高起来，而投资者需要关注的就是这个过程，主力资金的最后动向不是投资者最为关注的。然而新的主力资金会利用股票价格的波动来调节价格与持股比例的关系，这可能是一个长期的过程。主力不会在建仓期拉升股票价格，投资者应该在主力建仓以后进行持股。

还有就是以前的主力阶段性增仓，说明以前的主力对目前的股票价格底部比较认同，而且手中还有足够的资金，如果大盘一旦出现反弹就会出现上涨的行情。如果只是某个大的买入订单我们不用过多地去关注。

当然这个指标只能针对大盘的强弱来判断，至于外部力量的进入还需要投资者自己去研究，但是相对强度已经告诉了投资者这只股票的动向，在特定情况下投资者还会感觉到外部护盘的力量。

在相对指标下还应该配合 K 线图来分析走势。

第一种情况，股市大涨的时候个股也在涨但是涨幅不大。基本上可以认定是进了个大单子而不是主力操作。大单资金的进入会使股票价格有所上升，但是这种资金流一般不会去维持盘面，因此大盘一旦回落，股票价格的下跌也会非常快。

第二种情况，大盘在下跌的时候股票价格有所上涨。不是新主力进入就是有以前机构的一次性买入。但是利用相对强度是无法预测出来的，我们还应该去借鉴股市运行时的分时股票价格走势图去确认。

第三种情况，股票的价格远远强于股票大盘。股票价格持续上涨与大盘走向截然不同，这表明主力机构在不断拉升股票价格，但是还要分清楚是新的主力还是以前的主力。

第四种情况，大盘开始下跌时但是个股的下跌幅度比较小，这表示有主力资金进行维持股票价格，而且是以前的资金主力。假如是新主力的话，可能还会为了节省成本继续打压股票价格以获得更低廉价格的股票。

我们还应该关注相对强度比较弱势的状态，但最重要的是看指标是否会变强。比如说相对强度总不如大盘走势，不如换一只股票比较安全。

投资问答录

问：请问专家，股票除了价格相对强度以外，还有什么其他的因素会影响我们的操作？

答：我们通过对相对强度的研究可以进行股票价格走势的分析，但是很多时候，市场的风险具有不确定性，很多情况是难以预料的。比如说上市的新股，它没有历史周期图，更谈不上利用相对强度了。除了上市的新股这种情况以外，还有很多因素确实是在影响着股票价格的变化。比如公司内部的最新公告、企业发展前景、政府补助或鼓励政策都会对个股甚至大盘起到影响。在股市中一只股票的上涨也可能会引领一系列相关企业股票价格的上涨。下面我讲几点股市中影响股票价格比较重要的因素：

一、基本因素。基本因素指的是那些影响股票价格的最根本因素，比如说上市公司的经营状况、发展的未来前景以及资产负债关系。

二、政治因素。指的是政府对于上市公司的政策引导，比如说国家出台鼓励高新技术企业发展，降低企业的税费，增加财政补贴等政策。这些都属于政治因素。

三、公司的性质。指的是公司经营所涉及的行业领域。比如说铁矿石的价格迅速上涨，那就说明了开采矿石的企业就会赢利从而影响股票价格。

四、公司经营管理状态。就是企业对于经营的状态以及业务管理水平，我们在投资股市的时候也要关注企业管理者变动的情况。

其实影响股票价格的因素还有很多，我们不能片面地去看待它，要从整个市场经济的大环境出发，保证自己的资金安全。

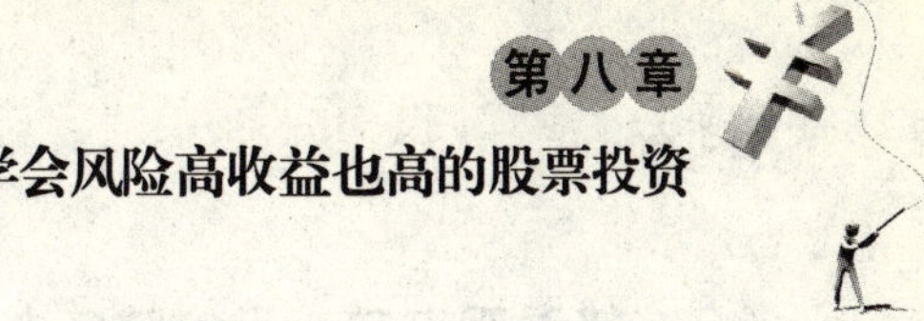

止损点的设定

许多投资者都没有关心止损点的问题。在股票市场上的各种风险是固定存在的，投资者不能掩盖股市上的风险而一味地去宣传股票获得的利润。股市上发生的各种案例告诉我们，一次不经意的错误就可能导致一败涂地。通过止损点的设定可以帮助投资者把损失的程度降到最低的范围。

金融大鳄索罗斯曾经说过，投资本身没有风险，失控的投资才有风险。我们仔细去研究那些在股市中获利的案例人物不难发现，虽然他们的投资风格迥然不同，但是他们有一个共同的特征就是止损。把握好止损策略，才能让投资者减少损失。

很多投资者虽然都清楚止损是非常重要的，也设定了止损目标，但是还是会有很多人损失惨重。这些投资者为什么不做及时减少损失的工作呢？可能是因为在投资中存在着误区，以下几种观点是比较普遍的。

错误观点一：就亏了这一点点钱，等等还是会涨的。

可能每个投资者都存在侥幸心理。投资者已经知道股票应该进行止损了，但还是不甘心，总是觉得就亏损了那一点儿，等一等股票价格还是会重新上涨的。但是，股票的经营最怕拖延时间了，时间一分一秒地过去，股票的价格亏损就积少成多了，等到投资者醒悟，已经不是亏那么一点点了，而是被深深地套牢了。

错误观点二：无论跌多少，股票在手里就不算赔钱。

这种错误经常在投资者身上上演。事实上，目前在我国资本市场上流通的股票，一般红利分配很少，与一年定期存款能够持平的就更少了，投资者最主要的赚钱方式就是靠股票买卖的差价。一旦投资的股票出现下跌，就会造成投资者的亏损，如果想重新获利，只能是对于新一轮行情的期待。如果股市运行良好，上涨的机会会很大，假如说股市本身运行就很艰难，股票价格还在不断地下降，上涨起来是非常难的。

错误观点三：机构没有出货，我就有机会。

比如说有些投资者持有的股票出现价格下降的时候，尤其是成交量的变化很小的时候，就觉得机构投资者没有出仓，自己完全没有担心的必要，把希望交给那些自己认为的机构主力上。实际情况是，机构投资者对于普通投资者的优势来讲，就是它们资金量大、信息灵通，主力投资者可以利用这些资源进行价格的操作，比如说刚刚下跌的时候会抛出一部分股票，价格特别低的时候再进仓，然后再把股票价格拉高出货，这样的多次操作，使自己的成本降低到最小的水平。但是一般的投资者资金比较薄弱，股票的价格虽然是反复变动，对于他们来说只是亏损。

正是因为这些误区的引导，让很多投资者亏损惨重。怎样才能走出这些误区呢？有以下几点需要注意：

第一点，要在趋势中看止损点。趋势的情况一般就三种：上涨、下跌和盘整。假如说这时的股票一直处于盘整的状态下，价格总是在一定的范围内波动，这时候止损大多可能会出现错误。因此，要把止损与股票趋势相结合。

第二点，寻找投资者比较适合的指标进行止损。所谓交易的指标，可以是股票价格走势均线、总体趋势线、形态或者其他的指标工具。运用指标不同的作用可能操作的结果完全相反，所以说，选

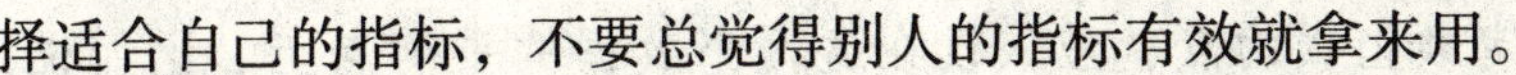

择适合自己的指标，不要总觉得别人的指标有效就拿来用。

第三点，设定目标，坚持进行。投资股票也需要这种性格。在买入股票之前就应该设立止损点，买入以前就开始设定是比较好的，等到亏损的时候设定就显得比较晚了。

卖出的本领要比买入的本领重要，学会设定止损点就更重要了。止损看似简单，但是操作起来比较困难。现在介绍几种止损的方法：

技术面止损。这种方法操作起来比较困难，它的原理是把止损设置与技术分析结合起来，不考虑市场的波动因素，在几个关键位置设定止损点，防止亏损继续蔓延。技术止损法对于投资者的要求很高，它要求投资者的技术分析能力与自我控制能力都要非常强。

额度止损。这种方法操作起来比较简单，它是把亏损的值与股票以前的价格设定一定的比例关系，如果比例达到止损的额度就立即平仓。这种止损法对两种投资者比较适合：第一种是刚刚进入股市的投资者；第二种就是投资市场风险非常大的投资者。

强制性止损。一般来说，股票的价格趋势不是很容易改变的。所以股票的价格亏损到一定的程度并且无法转变的时候，投资者不应该抱有任何的幻想，为了防止亏损的进一步扩大，应立即平仓出局。

投资者学习设定止损点非常重要，而在实际的操作过程中还应该注重自身心理素质的培养，在买卖股票时尽量顺势而为，避免与市场方向相反的操作。

投资问答录

问：请问专家，在实际的操作过程中，我们应如何定额止损？

答：一般的情况来说，定额止损的比例有两个依据：一个依据就是投资者能够承受的最大损失额度；第二个是股票交易价格的自然波动，定额止损的点就应该设在这两个数据的平衡点上。比如说，以买入价格的80%作为止损点，如果出现股票上涨的情况下，可以把止损点按照一定的比例向上平移。举个例子，你以20元的价格买入某支股票，如果股票开始下跌了，在价格下跌到16元的时候为止损点；假如股票的价格上涨到25元，那止损点的价格就变成买入价格了，这时的止损价格为20元。

多方面看待长期投资

巴菲特选择股票时说的一句话让世人所熟知，“选股的原则就是良好的商业模式，优秀的管理人员，合理的公司估值，加上长期持有股票。”

投资股票是长期投资还是短线投资，这个话题争论不断。一方面，巴菲特的投资绩效表明了长期投资可以为投资者带来巨大的收益；另一方面，是不久以前的那次金融危机，许多长期投资者蒙受的损失非常巨大，那么我们怎样去考虑长期投资的问题呢？

我们所说的长期投资只是参照短期持有来说的。在金融投资行业中，通常把那些持有3年以下的投资行为叫做短期投资；把投资时间在3~10年的称之为中期投资；把10年以上的投资行为称之为长期投资。从上海交易所开盘一直到2009年，上证指数的增长是非常明显的，从美国道琼斯指数上也可以看出，投资的时间只要在10年以上，不管投资者身在牛市还是熊市，不管投资者进入股市是在哪一年，投资的结果都是正数。

一般情况下，投资的时间足够长，股票的价格就一定会增长，这并不能表示这只股票有多优良，有时候通货膨胀会让股价上涨。所以说，长期投资也应该有合理的规划，还要对国家的政策以及市场的基本方向有所了解，正所谓“皮之不存，毛将焉附”，如果一上市企业的经济状况或者国家形势不稳定，在股市中就可能无法获得收益，还可能会损失以前的利润。

有些投资者在选择股票的时候，盲目地买进，以为只要股票在手里，价格就会上涨，结果适得其反，成为了长期持有者。在投资策略上，如果把“这种长期投资”用来“压箱底”，虽然这种投资时间很长但是没什么作用。我们选择长期投资的原因是希望上市公司不断成长而获得利润分享，但是企业在发展的过程中，由于各种因素导致经济发展的变化，可能就会出现错误的决策，持续业绩增长从不亏损的企业是非常少的。

所以，投资者在做长期股票投资的时候，要灵活多变，要在持有股票的过程中具体地分析各种情况。

1. 买入的股票是否具有长期投资的潜质

即使你的投资技术很娴熟，也应该经常关注所投资的上市公司的最新动态，对它的经营情况有所了解。如果投资者的选股能力还不是很强，不如去投资公司进行一下咨询，当然这样做不能说是一劳永逸，对于选择出的投资公司，投资者还需要不断地了解和观察。

2. 对于长期投资的收入预期不能过高，认真对待平均收益

巴菲特在2008年的时候就警告投资者：“整个20世纪道琼斯指数从66点涨到11497点，这个增长看上去很大，但换算成每年的复合增长，不过5.3%。在本世纪，想从股票中赚到10%年收益的人，

他们的想法是2%的年收益来自分红，8%来自股票价格的上涨。他们的算盘是这样打的：到2100年道琼斯指数会在2400万点的水平，而这是件多么疯狂而不可相信的事情！”

也正如巴菲特所说，香港发展的黄金周期是在1966年到1997年，股指从最初的100点增长到将近1700点，但是它的年复合增长率也只有17%。我国股票的年预期收益率为10%～20%，这种收益率明显过高。因此，作为普通投资者来说应降低预期收益，合理看待长期投资的平均收益。

3. 要对投资期限有规划

从长期经济学角度来看，只要企业的发展态势良好并具有长期发展的潜力，在长期投资下就会获利。但是这个长期获利的时间就不好确定了，可能要二三十年。这种收益还存在不确定性，而投资者自身的投资期限却是相对固定的，假如说出现要用钱的情况，股票的长期投资肯定不适合。所以，长期投资不能笼统地去理解它，更不能只在期限上做文章，投资者应当准确地规划长期投资的期限，最好把长期投资与短期投资结合起来。

投资问答录

问：请问专家，作为普通投资者可以长期持有国内一些大型企业的股票吗？

答：这种说法不是很正确，这是目前投资者对于长期投资观点的曲解。长期投资选择股票的要求是选择那些被市场长期低估的并且有良好发展前景的大公司。如果当前的股票价格与其实力相符或已经被高估，就失去了长期投资的价值，投资者应该卖出这类股票而不是继续持有它们，再加仓就更是错误的。即使上市公司的实力雄厚，也要在很好的价位去购买。

第九章
学会交易灵活、以小博大的外汇投资

知晓外汇投资的几个概念

外汇管制

外汇管制是指一个国家为平衡国际收支和维持本国货币汇率而对外汇进出实行的限制性措施。比如在我们国家，外汇就不能自由兑换，进口和其他的外汇需求必须向有关部门申请，经过批准后，才能按照当局制定的外汇牌价汇率兑换外汇。

因为外汇管制在多个国家施行，所以就产生了货币是否可以进行兑换的关系。

按照可兑换能力的不同，货币可以分为：

完全自由兑换货币，指在国际结算、信贷、储备三方面都能为国际社会所普遍接受和承认，比如说欧元、美元、英镑、日元等。

不完全自由兑换货币，指只有国内厂商及公众才能不受限制地用本国货币从金融机构购买外汇。

有限度可兑换货币，介于完全和不完全自由兑换之间的体制，在交易方式、资金用途、支付方式等方面采取一定限制。

完全不可兑换货币。

硬货币和软货币

硬货币是指在国际金融市场上汇率价格坚挺并且能自由兑换，币值浮动小，可以作为国际支付手段或流通手段的货币，主要有美元、英镑、日元、法国法郎等。

软货币是指在国际金融市场上汇价疲软，兑换他国货币受到限制，信用程度低的国家货币，主要有印度卢比、越南盾、缅币等。

硬货币和软货币的概念只是相对而言，它会随着一国经济状况和金融状况的变化而变化。比如说美元在20世纪50年代的时候是硬货币，在20世纪60年代后期至70年代是软货币，80年代以后，由于美国紧缩银根提高了存款利息率，又变成了硬货币。

现钞汇率

现钞汇率又被叫做现钞买卖价。是指银行在买卖外币现钞时所使用的汇率。从理论的角度看，现钞买卖价与外币支付凭证、外币信用凭证等外汇形式的买卖价应该是相同的。但在实际当中，各国都有严格的规定，在本国内禁止流通外币，需要把买进的外国货币运送到货币发行国或者能够流通地区，银行会支出一定的费用，这些费用需要客户来支付。

所以，银行在向客户收兑现钞时的汇率，价格会比其他形式的买入汇率要低；但是银行卖出外币现钞的时候所使用的汇率高于其他外汇卖出汇率。

现汇汇率

现汇汇率分成买入汇率和卖出汇率两种。买入汇率又被叫做外汇买入价，是指银行买入客户手中外汇时的汇率。正常情况下，外币折合本币数量比较少的那个汇率就是买入汇率，它表示兑换一定数量的外汇需要多少本币。卖出汇率也可以称外汇卖出价，指的是银行将外汇兑换给客户时的汇率。正常情况下，外币可以兑换较多本国货币的那个汇率就是卖出汇率，它表示银行卖出外汇时能够得到多少本币。

基准汇率

基准利率指的是选择一种国际经济交易中最常用、在外汇储备中所占比重最大的可自由兑换的关键货币作为主要对象，与本币对比，订出汇率。

每个国家在制定汇率时，因为世界上的国家较多，通常会选择币值比较稳定的货币作为关键货币，在制定汇率时先制定与关键货币国的汇率，就被叫做基准汇率；然后根据基准汇率的关系套算出与其他国家货币之间的关系。关键货币一般是指一个世界货币，被广泛用于计价、结算、储备货币、可自由兑换、国际上可普遍接受的货币。目前作为关键货币的通常是美元，把美元与其他国家货币之间的汇率作为基准汇率。

人民币基准汇率是由中国人民银行根据前一日银行间外汇市场上形成的美元对人民币的加权平均价，公布当日主要交易货币对人民币交易的基准汇率，也就是市场交易中间价。

人民币外汇牌价

中国人民银行公布的人民币基准汇率是各外汇指定银行之间和外汇指定银行与客户之间进行外汇与人民币买卖交易的基准汇价。各外汇指定银行以美元交易基准汇价为依据，根据国际外汇市场行情自行套算出人民币兑美元、港币、日元及以外各种可自由兑换货币的中间价，在中国人民银行规定的汇价浮动幅度内自行制定外汇买入价、外汇卖出价以及现钞买入价和现钞卖出价，并对外挂牌。

投资问答录

问：请问专家，投资外汇我们应该注意哪些方面呢？

答：在投资外汇以前，有四个要点需要我们去注意，这对投资者来说是一个入门法则。

第一，要掌握外汇知识。刚接触的投资者不要盲目进入，特别是风险高的保证金交易，在杆杠率的作用下使价格风险到了最大的程度。在投资之前应该学习一些国际金融的相关知识，例如汇率决定理论、国际收支理论等。另外还要学习一些技术分析的基本方法，并且可以熟练运用几种投资分析方法。

第二，要加强风险控制。在投资外汇的时候，不应该把赚钱作为第一目标，而是先想方设法站稳脚跟，不能孤注一掷地进行满仓操作。即使再高明的外汇投资者也不能保证他的所有判断是正确的，如果想要坚持在外汇市场上有所收获，应尽量防范风险。

第三，要专而不繁。投资者应该把精力放在一种或者几种外汇上。如果涉及的货币过多则会因为需要搜集的资料太多而导致信息难以确认，容易错失良机，因为外汇交易中的机会与风险就在眨眼之间，当风险来临时想要改变策略已经为时太晚了。

第四，贪心不可取。多数投资者都有这样的经历，当获利达到10%的时候还在等待达到20%，到头来落得两手空空。投资者应该见好就收才是制胜的法宝。

主要的外汇交易品种

在现行的外汇投资市场中，其交易的品种有很多，在投资外汇之前我们应该对它有所了解。

外汇交易主要可分为现钞交易、现货外汇交易、合约现货外汇交易、外汇期货交易等。

1. 现钞交易

一般说来，现钞交易指的是旅游者以及因为各种原因需要外汇现钞者之间进行的买卖，包括现金、外汇旅行支票等；现货交易是大银行之间，以及大银行代理大客户的交易，买卖约定成交后，最迟在两个营业日之内完成资金收付交割；合约现货交易是投资人与金融公司签订合同来买卖外汇的方式，比较适合普通人群进行投资；期货交易是按约定的时间，并按已确定汇率进行交易，每个合同的金额是固定的；期权交易是将来是否购买或者出售某种货币的选择权而预先进行的交易；远期交易是根据合同规定在约定日期办理交割，合同的金额多少是可以调整的，交割期比较灵活。

从外汇交易的数量来说，由于国际贸易而产生的外汇交易的比重越来越小，经过统计，国际贸易的外汇交易在1%左右。我们可以看出，现在外汇交易的主题是投资，以在外汇汇价波动中赢利为目的的。所以，占比重比较大的是外汇现货交易、合约现货交易以及期货交易。

2. 现货外汇交易

现货外汇交易是指大银行之间以及大银行代理大客户的交易，双方约定成交以后，最晚不能超过两个营业日就必须完成收付交割。

下面介绍国内银行推出的、比较适合大众的个人外汇交易。

个人外汇交易指的是个人委托银行，参照国际外汇市场实时汇率，把一种外币买卖成另一种外币的交易行为。由于投资者交易的外币数量必须是足额的，才能完成交易项，比较国际上流行的外汇保证金交易缺少保证金交易的卖空机制和融资杠杆机制，所以也叫做实盘交易。

我国于1993年12月在上海工商银行开始代理个人外汇买卖业务以来，由于我国居民手中的外币存款越来越多，投资环境变化与新的交易方式的引进，个人投资外汇业务的队伍日益壮大，目前已经成为我国除了股票市场以外的第二大投资市场。

截至目前，我国的国有6家银行都开展了个人外汇买卖业务，光大银行和浦发银行也在积极筹备中。在未来，银行关于个人外汇买卖业务的竞争会更加激烈，服务也会更加完善，投资者人数也会不断地扩大。

境内的投资者，可以凭手中持有的外币，到上述6家银行办理开户手续，存入资金，就可以通过网络、电话或柜台方式进行外汇的买卖。

3. 合约现货外汇交易

合约现货外汇交易也被叫做外汇保证金交易，指的是投资者和专业从事外汇买卖的金融公司（银行、交易商或经纪商），签订委托买卖外汇的合同，缴付一定比例的交易保证金，这个金额一般不会超过10%，便可以按照融资的一定倍数进行交易。因此，这种合约形式的买卖只是对某种外汇的某个价格作出书面或口头的承诺，然后等待价格出现上升或下跌时，再做买卖的结算，从变化的价差中获取利润，当然也承担了亏损的风险。由于这种投资所需的资金可多可少，越来越多的人参与这种投资。

以合约形式投资外汇，主要优点就是有效地节省投资金额。利用合约形式买卖外汇，投资的额度在正常情况下不超过合约金额的5%，利润的盈余或者亏损就会按照整个合约金额来计算。外汇合约上的金额是根据外币种类而确定的，具体来说，每一个合约的金额分别是12500000日元、62500英镑、125000欧元、125000瑞士法郎，每张合约的价值都大约在10万美元左右。投资者不能根据自己的要求去设定各种外币的金额。投资者根据保证金的多少而买卖多个合约，买卖合约的数量自己可以调整。一般情况下，拥有1000美元的保证金的投资者就可以买卖一个合约，当外币上升或下降，投资者的赢利与亏损是按合约的金额即10万美元来计算的。

4. 外汇期货交易

外汇期货交易是指在约定的日期，按照已经确定的汇率，用美元买卖一定数量的另一种货币。外汇期货买卖与合约现货买卖有相同之处但也存在差异。合约现货外汇的买卖是通过银行或外汇交易公司来进行的，外汇期货的买卖是在专门的期货市场进行的。目前，世界上著名的期货交易市场有：芝加哥期货交易所、纽约商品交易所、悉尼期货交易所、新加坡期货交易所、伦敦期货交易所。期货市场至少要包括两个部分：一部分是交易市场；另一部分是清算中心。期货的买方或卖方在完成买卖交易之后，清算中心也就充当了买卖双方的交易对象，直到期货合同实际交割完成。

投资问答录

问：专家您好，在交易外汇的时候，我们还需要注意哪些问题？

答：您好。随着全球经济一体化的快速发展，居民手中持有的货币也日趋多样化，同时随着外汇知识的不断普及，人们对炒汇也有了全新的认识。但为了尽可能地降低风险，提高投资的收益率，在投资外汇的时候应该注意以下几点：首先，交易商的选择特别重要；其次，交易平台的选择比较重要；最后，交易时需要注意的事项。

投资者还要明确的是，想成功地在外汇投资上获利，投资资本应该充裕，这是因为一旦亏损不至于影响你的正常生活。在外汇交易时不要把生活资金投入到外汇投资中，防止因生活压力的原因而作出错误的投资判断。

外汇投资收益的计算方法

理财观念不断地普及，越来越多的人关注外汇市场。投资的最终目的就是享受收益。一般人看来，计算外汇收益非常简单，通俗地理解，就是卖价减去买价。但在现实生活中，外汇投资收益的计算也不是很容易的事，考虑的因素涉及很多方面。投资者只有通过认真的计算才可以获得准确的数据。

我们做一个外汇投资的案例，通过对案例的分析，能够让投资者清晰地理解如何计算外汇投资收益。

1. **直接报价**（不是以美元作为基准货币）

多头头寸：赢利/损失=(清盘价格-开盘价格)×合约大小×合约数量

空头头寸：赢利/损失=(开盘价格-清盘价格)×合约大小×合约数量

例如：我们在1.2600买入2个标准单的EUR/USD，在1.2700卖出（平仓），利润=(1.2700-1.2600)×100000×2=2000美元。

2. **间接报价**（以美元作为基准货币）

多头头寸：赢利/损失=(清盘价格-开盘价格)×合约大小×合约数量÷清盘价格

空头头寸：赢利/损失=(开盘价格-清盘价格)×合约大小×合约数量÷清盘价格

例如：我们在99.00买入2个标准单的USD/JPY，在99.50卖出(平仓)，利润=(99.50-99.00)×100000×2÷99.50=1005.03美元。

3. **交叉汇率报价**（即不包含美元的）

A. 当交叉汇率（货币对中）的计价货币是计价货币兑USD（例如：GPY/JPY）

多头头寸：赢利/损失=(清盘价格-开盘价格)×合约大小×合约数量÷计价货币兑USD的汇率

空头头寸：赢利/损失=(开盘价格-清盘价格)×合约大小×合约数量÷计价货币兑USD的汇率

B. 当交叉汇率（货币对中）的计价货币是基准货币兑USD（例如：EUP/AUD）

多头头寸：赢利/损失=(清盘价格-开盘价格)×合约大小×合约

数量÷计价货币兑 USD 的汇率

空头头寸：赢利/损失 =(开盘价格-清盘价格)×合约大小×合约数量÷计价货币兑 USD 的汇率

例如：我们在 138.00 买入 2 个标准单的 GBP/JPY，在 139.00 卖出(平仓)，当时 USD/JPY 的报价为 98.00，利润 =(139.00-138.00)×100000×2÷98.00=2040.82 美元。

投资问答录

问：请问专家，我们听说了很多关于杠杆率的问题，我想具体了解一下什么是杠杆率？

答：杠杆这个词在金融领域中经常出现，它的根本就是用少量的资金进行更大金额的买卖。对金融交易不太了解的人可能想象不出来如何用少量的资金进行高额的买卖，是因为现实生活中我们无法利用 1 元钱购买 10 元钱的物品。而在投资领域，这种资本放大的交易到处存在。

在此我们用外汇交易来解释什么是杠杆，什么是杠杆率。在外汇交易中投资者通常找一家可靠的外汇交易公司，然后在这家公司存入一定的押金（保证金），就可以开始买卖了。现在以美元和人民币为例。最近的人民币兑美元的汇率在 1 美元兑换 7 元人民币左右。假如投资者存入押金 700 元开始进行兑美元的外汇买卖。

假设这时投资者选择的杠杆率是 5 倍，就可以用 700 元的 5 倍金额，也就是 3500 元进行交易。

外汇交易的获利技巧

作为投资者，在进行外汇交易前应该学习一些外汇投资的知识，这样更加有利于我们对外汇市场的认识，在投资过程中，就能够充分地防范风险，为获利提供了有利的保证。

通过记录，寻找交易方向

在交易的过程中记录决定交易的因素是非常重要的，想一想在交易之前有什么事件或者其他因素让你作出了交易的决定，在记录以后，应该分析这一因素对盈亏造成的影响。其结果如果是获利的，表明自己的分析是正确的，如果相似或者相同的因素再次发生时，交易记录会告诉你如何作出决策。

顺势而为，遵循规律

在市场上有一条规则：亏损部位，要尽快平仓；获利部位，能持有多久，就放多久。还有一条规则，在获利的基础上避免亏损，如果市场出现下行的走势，平仓没有获利的仓位也比在亏损上的仓位平仓要好。

开好头，获利平仓，及时止损。开盘时应把握好位置，也就是买进一种货币，同时卖出另一种货币的行为。选择适当的时机进入市场非常重要。假如说找到了合适的入市机会，获利的可能性就大；

与此相反，进入的时机不恰当，亏损的可能性就会增加。

及时止损指的是在建立头寸后，所持币种的汇率处于下跌的趋势，为避免亏损过多而采取的出仓止损措施。比如说，以 115 的汇率卖出美元，买进日元。后来，美元汇率上升到 125，眼看名义上亏损已达 10 日元。为了防止日元贬值造成更大的损失，便以 125 的汇率水平买回美元，卖出日元，以亏损 10 日元结束交易。如果交易者不甘心亏损，希望日元汇率上涨，可能因日元的一再贬值而造成更大的亏损。

建立头寸后，当汇率的走势与投资者的赢利趋于同向，平仓就可以获利。比如说，以 110 的汇率买入美元，卖出日元；当汇率上升至 120 日元的时候，已有 10 日元的利润，这时候卖出美元，进行对冲操作买进日元，赚取利润。

买涨不买跌

外汇操作与股票操作有一个相同的道理，只买涨不买跌。因为价格在上升的时候只有一点是错误点，就是价格的顶点。除这一点以外，在其他点的操作都是正确的。在汇价下跌的时候只有一点是正确的，汇价已经到达最低点，只有在这一点时可以买进。

因为在价格上涨的时候只有买在最高点是错误的，但在价格下跌时只有买在最低点是正确的，所以在价格上涨的时候买入要比在下跌时买入获利的机会大。

累计投入

累计投入也就是逐渐增加投入，在第一次买入某种货币之后，该货币汇率上升，投资的方向是正确的，如果想加大投资量，应该加的量越来越少，就像是金字塔累积似的。因为价涨得越高可能越接近顶峰，危险的程度也就越大。同时，在上升时买入平均成本增加了，大大降低了收益。

赔钱的时候别补仓

当买入或卖出一种外汇以后，市场突然以反方向急速运行，有的投资者就会急着往里投入，这种做法非常危险。

比如说，当某种外汇已经连续增长一个时间段，投资者不断追高买入之后，行情出现变化不断下跌，投资者发现马上就要赔钱，就想在价位稍低的位置进一单，把第一单的成本减轻，如果汇率还会反弹就一起平仓，减少亏损。这种做法非常危险。

如果汇率的上涨已经持续了一个阶段后，价格开始下跌，投资者如果在下跌的时候持续买入，汇率的价格没有反弹，那损失将会是巨大的。

市场动态不明朗，千万不要盲目进入

如果市场走势的方向非常不明显，自己又没有能力去判断未来的趋势，最好不要进入场内，防止风险的发生。

整数不能追

外汇投资中，交易者可能为了挣取金额整数而蒙受损失。投资者在进行交易的时候，设定了预期收益目标，为了要赚够某种货币的整数金额，一直在等待这个价位，有时价格离目标已经很近，此时平仓就可以赚钱了，但由于原定目标还没有实现，在等待点位的时候错失良机，导致损失。

在盘局突破时把握好外汇买卖

这种情况是指汇率持续稳定地上升或者下降，盘面处于非常平稳的状态。在这种情况下，此种状态一旦结束，市价就会破关而上或下，呈突破式前进。这是买入或者卖出的大好机会，如果这种状态持续的时间越久，发生反转变化的获利机会也会越大。

投资问答录

问：请问专家，在外汇交易市场当中，除了需要注意风险控制还需要注意什么？

答：在投资外汇的时候，风险的控制尤为重要，但是还有两个关于投资者本身的问题需要注意。

第一、不要拿自己的生活资金去投资。想要成为成功的投资者，资金充足是必不可少的，如果亏损将导致生活秩序出现混乱，也就是不要用自己的生活资金去投资，资金上的压力会直接影响你对未来走势的判断。

第二、不能凭借运气。在总的交易过程中，赢利的次数如果比损失的次数多，而且你账面的资金是呈增加的状态，那说明你的投资比较成功。假如说你总体交易是损失的次数多，即使账面上是赢利的状况，你也不要觉得自豪，可能只是运气好的原因罢了。操作的时候应该谨慎，避免交易中出错，适时调整操作方式。

外汇投资的发展方向

在全球外汇市场上每天流动性资金可高达4万亿美元，在多种灵活方便的交易方式，如杠杆交易、24小时交易、对冲交易的共同促进下，外汇投资市场崛起了一批吸金高手。其中最具代表性的人物就是索罗斯，外汇投资也让他成为了世人瞩目的投资大师，通过他让投资者看到了投资外汇市场的发展前景。

发展到今天，中国3.181万亿美元的外汇储备已雄居世界首位，在汇率市场上人民币不断升值，外汇储备的不断贬值不得不让政府鼓励居民储蓄外汇。随着世界经济全球化的发展，国内的多家银行开始了外汇投资业务，外汇投资队伍的壮大成为了未来一大发展趋势。

近半个世纪以来，世界经济发展过剩而且财富膨胀，外汇作为一种资产储存方式在世界各地盛行，也有投资者将外汇进行投资，使外汇不断在经济领域流转，今天它是实物资产，明天可能就变成了有价证券。在经济领域中谁都不能冲破经济的循环周期，再有实力的企业，也要进行相应的等值交换。

纵观世界发展，欧美以及日本等诸多国家为了推动经济发展，多年来一直推行银行低利率政策，导致全球资本流动性泛滥；而中国改革开放飞速发展，积累了大量外汇储备。外汇储备的急剧增多，导致了各种资本为了保值、增值流入各个领域窃取财富，出现了东南亚经济危机、香港金融保卫战等资本战役。

对冲基金和私人股权基金组织产生的原因就是大量流动性资本过剩，在投资市场中这两种组织可谓是风光无限。据不完全统计，私人股权基金的数量在3000家左右，管理的资产超过1.5万亿美元，对冲基金也有1.2万亿美元的资产。这充分说明了，外汇投资组织的发展规模将会覆盖全球。

随着经济发展，中国资本市场上的基金也在不断发展。通过有关部门统计，在2007年年末，国内公募基金募集资金额已经超过了3万亿元，私募基金与投资机构的资金量也超过了3万亿元，投资股票的证券会员总资产超过了1.7万亿元。与此同时，中国投资公司可以运用的外汇已高达2000亿美元，而中国金融机构利用的外资余额则为754亿美元。

这个条件下，投资不仅在证券市场上，一大部分也是来源于外汇市场。在25年前，全球外汇市场还是以国际贸易为主，发展到今日，投机性外汇交易已超过了外汇交易量的99%；15年前，我国的外汇储备仅仅有1000亿美元，而到今天已经至3.181万亿美元，许多流动性资金还在不断寻找机会进入国内。

外汇市场已经成为了一个国际性的资本投机市场，其发展时间要比股票、期货等投资市场短得多，然而它发展的速度却是惊人的。通过对全球市场交易金额的观察，1992年年初为1.2万亿美元，2004年年初为1.9万亿美元，2007年年初则为3.2万亿美元。发展到今天，全球外汇市场每天的交易额已达4万亿美元，其规模已经成为了最大的投资市场，也是当今全球最大的金融市场。

外汇交易作为国际金融市场比较成熟的交易形式，绝对是投资的极佳方法。

投资问答录

问：专家您好，外汇投资市场的潜力如此巨大，我们在投资的过程中应该注意些什么问题呢？

答：经济的飞速发展和国际交流日益密切，造就了今日外汇市场的蓬勃发展。但是，由于接触的是多种货币的交易方式，所以随之而来的问题我们不得不注意。在外汇市场中，利率的风险占据比较大的份额，由于各国利率的不断调整，所以我们要经常关注各国利率以及黄金价格的变化。还要关注国际贸易的逆顺差。这些都是影响汇率变动的主要因素。

影响外汇走势的因素

利率因素

利率就是利息率，是一定时期内利息额与借贷本金之间的比例。我们所说的利息，是让渡货币资金的报酬或使用货币资金的代价。利息的存在，使利润分为利息收入和企业主收入。投资外汇的时候应该关注各国利率政策的制定，以及利率的波动。

通货膨胀的差异

通货膨胀是指一般商品的价格持续普遍的上升。这表明：通货膨胀不是价格水平短期或一次性的上升，而是价格水平的持续上升；通货膨胀不是指个别商品价格水平的上升，而是指价格总水平即所有商品和劳务价格的加权平均值上升；形成通货膨胀的价格水平的上升幅度取决于经济主体对价格上升的敏感程度。

汇率长期趋势的主导因素是国内外通货膨胀的差异。在不兑现的信用货币条件下，两国之间的比率，是各自所代表的价值决定的。如果一国通货膨胀高于他国，该国货币在外汇市场上就会趋于贬值；反之，该国货币就会升值。

国际收支因素

在一定时期内（通常是一年以内）与外国的全部经济交易所引起的收支总额被称为国际收支。这是一个国家与各个国家在进行经济往来时候的一个记录。国际收支集中反映在国际收支平衡表中，该表的编制原理是复式记账。

未来的市场走向

国际金融市场的流动资金数目非常大，这些资金对于每个国家的经济状况高度敏感，由此产生的预期影响着这些资金的流动走向，对外汇市场的影响是非常巨大的，影响短期的外汇市场的主要因素是预期因素。

政府的干预

各国货币的管理者为了让汇率维持在国家所预计的水平上，会长期的直接干预外汇市场，从而改变外汇市场的供求状况。政府干预对外汇市场的短期走势存在重要影响，但对其长期走势影响不大。尤其是日元，人为干预的程度非常大，假如不是非常熟悉的尽量不要接触它。

经济指标数据的影响

经济指标数据对外汇可以造成影响，下面我们对几个经济数据进行分析，从而能够清楚地知道经济数据是怎样影响汇率的。

1. 消费物价指数（CPI）

消费物价指数主要反映消费者支付商品或劳务的价格变化情况，即通货膨胀水平的变化情况。如果消费物价指数大幅度上升，从短期看，汇率就会上升，从而保持汇率的稳定性；从较长的周期去看，却是通货在贬值。美国有关部门每个月都会发布居民消费指数，这个指数包括两种：一种是工人与职员的消费物价指数；另一种是城市消费者的居民消费价格指数。这两种价格指数都会造成美元汇率变动。所以说消费物价指数对于汇率变动的承兑影响也是非常大的。

2. 国内的失业人数

失业率也是代表现阶段经济发展强弱的重要因素。失业率不断提高，表明经济发展放缓衰退；失业率下降，则表示经济发展健康。

3. 消费信心指数

消费者有较强烈的消费意愿，指数就会不断增加，表示消费者倾向于支出，对经济增长是非常有利的，能够导致汇率上升；信心指数出现下降，表示消费者对于消费持保守态度，可能是因为对未来经济发展表示担忧，不利于经济增长，从而导致汇率下降。

投资问答录

问：请问专家，分析外汇走势的方法有哪几种？如何利用这些方法对外汇走势进行分析呢？

答：对于外汇市场而言，主要的分析方法就是基本面分析和技术分析。其中，基本面分析注重的是金融、经济理论以及政局的发展，从而判断出供给和需求要素。而技术分析则是通过观察价格和交易量数据来判断这些数据的未来走势。基本面分析与技术分析最显著的区别就是：基本面分析研究的是市场运动的原因，而技术分析则研究市场的运动效果。

当用一国货币来估价另一国货币时，基本面分析内容包括对宏观经济指标、资产市场以及政治因素的研究。而宏观经济指标又包括经济增长率等数字，它是由国内生产总值、利息率、通货膨胀率、失业率、货币供应量、外汇储备和生产率等要素进行计算得出的。有些时候，政府会对货币市场进行干预，防止货币出现显著偏离理想水平的现象。货币市场的干预是由中国人民银行来执行的，通常情况下会对外汇市场产生显著而又暂时的影响。中国人民银行会采取用另一国货币单方面干预，或者联合其他的国家银行进行共同干预，来取得最佳的效果。

由于影响国际外汇市场走势的因素非常复杂，所以，不管是基本面分析还是技术分析，都不能保证万无一失。研究表明，在外汇市场中，基本面分析适合于预测长期趋势，而技术分析则适合于较短的时间跨度。所以，建议大家在进行外汇投资的时候可以将两种方法结合使用，适用于3个月至1年的时间段。

具体分析外汇投资的优点与风险

外汇投资的优点

1. 多空交易，两方面赚钱

投资股票时只有上涨才有机会赚钱，而外汇投资可以做多，也可以做空，如果预期的方向与走势相同就可以赚到钱。在股市中下跌的行情总是多于上涨的行情，投资成功的可能性就比较小，因为股市缺乏长期投资的环境，这也是很多人投资股市失败的原因。

2. 24 小时持续交易

从每周一早上 6 点开始，一直到周六早上 5 点才结束，任何时间段都可以交易。股市的交易时间每天只有 4 个小时，不适合有工作的人交易。

3. 最佳的交易时间段

外汇交易的最佳时间就是在北京时间的晚上 8 点到晚上 12 点。这期间是欧美外汇市场交易最为活跃的时候，汇率变化的幅度比较大，这一时间段比较适合我国投资者进行交易。

4. 投资门槛低

开户金额的标准是5000美元，而投资的最小金额是2000美元，门槛比较低。

5. 人为操纵的可能性比较小

外汇市场每天成交量是非常大的，行情和数据都是对外公布的，即使是国家政府也无法干预外汇的走势，同时交易金额巨大，汇市不会出现在涨跌停时无法交易的情况，在任何时间段，都是全额成交的。

6. 外汇投资方便自由

利用电脑和互联网，在任何地方都可以进行交易，比较适合喜欢自由的年青一代。现在有很多人把外汇投资作为终身的职业，在欧美国家也有很多人利用业余时间进行投资。

7. 用外汇保证金以小搏大

投资1000美元就可以做2万美元的交易。据有关部门统计，美国有很多富翁都从事外汇投资交易，例如索罗斯、巴菲特都是炒汇成功最典型的人物，他们投资收益都是非常巨大的。

8. 赢利的机会比股票多

股市中捕捉获利机会是非常难的。而在外汇市场中，货币的种类是有限的，这些货币就是针对美元的股票，可以把精力全部放在美元的走势当中，只要抓住10个点就等于买了一只涨停的股票。

外汇投资的风险

投资外汇市场的投机者，总是在说外汇的收益如何大。但我们从另外一个角度去看，市场上的风险就来源于汇率的不断波动中，不管参与外汇交易的是个人投资者还是银行，只要持有外汇，外汇风险就存在。通常情况下，人们把因汇率变动造成的损失或将失去所期待的利益的可能性叫做外汇风险。一般会把承受外汇风险的金额部分称之为“受险部分”。

外汇风险又分为外汇交易风险、交易结算风险、外汇折算风险、经济风险、国家风险五种表现形式。

外汇交易风险是指由于本国货币与外币进行兑换而产生的外汇风险。从事外汇买卖为主要业务的外汇银行负担的风险主要是外汇风险。企业在利用外国货币进行贷款或借款以及伴随外币贷款、借款而进行外汇交易时，会发生外汇交易风险。个人投资者在买卖外汇的时候也会承担外汇交易风险。

为了将来进行外汇交易而把本国货币兑换成外币，由于以后交易时所运用的汇率没有确定，因而存在风险。这种风险一般是由于企业以外币计价进行贸易或非生产性贸易时产生的风险，所以，称为交易结算风险。

企业在办理决算时，因为债务的汇率问题使账面上损益存在差异，称做外汇折算风险。

经济风险是指企业投资或者个人投资的未来预期收益因汇率变化而可能受到损失的风险。

国家风险也就是政治风险。它是指企业或个人投资的外汇交易因国家强制力而终止所造成损失的可能性。

投资问答录

问：请问专家，投资外汇时需要注意哪些呢？

答：关于外汇投资的安全问题，主要来源于杠杆率的问题，所以我们在进行投资的过程中应该严格控制杠杆率，不要将杠杆率扩大化。还有就是可以进行实盘交易，做实盘交易的优点就是手中持有货币，即使亏，还有可能恢复利润。或者进行外汇对冲。这些方法都是可以降低外汇投资风险的。

降低损失的八种做法

在外汇投资中所说的风险就是收益的不确定性，或者是本金的损失。投资者在蒙受损失时，应尽量把损失降低到最小的程度，下面就讲一些减少损失的方法。

投资不能光凭借感觉或者是猜测

投资者在实际操作过程中仅仅知道获利是不够的，还应了解获利的原因是最重要的。交易的主观判断的确很重要，但是在交易过程中不应只存在感觉而忽视客观的判断。

学会设立止损点，把风险降到最低

当你做交易的时候还应该确立可以接受的损失范围，学会及时止损。才不会出现特别多的亏损。设定止损点应该从资金情况出发，止损的范围应该设定在5%以内。如果亏损金额超过了投资者的承受范围，不要抱有侥幸心理，觉得还会重新有所突破，此时应该立即平仓止损，哪怕是止损后行情出现反转，也不要后悔，因为你已经把风险控制到了最低水平。

应该按照账户金额衡量交易量，交易不能过于频繁。假如账户资金不足3000美元，做单的次数限定为1次；资金数额在3000~

5000 美元的时候，除非真的能够确定交易的成功，否则交易的次数不应该超过 2 次；假如账户金额有 8000 美元，交易的次数不应该超过 3 次。根据这个规律，可有效地控制风险，频繁的交易是不可取的，风险难以控制，极易造成损失。

做虚拟交易，积累经验

新手投资者需要耐心学习，不断探索，不要急功近利地做真实交易。不要和别人作对比，因为每个人的观点都有出入，投资的体会也有差异。在进行虚拟交易的过程中，新手的主要任务是找到适合自己发展的策略和习惯，假如获利的机会开始增加，获益的金额不断提升，这时候表明可以进行实盘交易了。

不要轻易改变交易策略

交易最致命的而且会导致整个投资失败的，是投资者在损失开始逐步扩大时，找各种借口不去止损，总是觉得行情还会反弹。如果这个念头总在心中，就不会果断地去止损，而且还会因为头脑一热继续遭受损失。市场的波动是非常大的，不会因为个人的主观意识而改变行情。当损失超过止损范围时，交易的结果就是被动平仓，投资者损失的不只是金钱，还有个人的投资魄力，会把投资者的自信心降低到最坏的程度，这个结果的原因就是贪婪。市场不会留给投资者填补损失的机会，虽然可能在下次机会中还会获利，但是在这一次的交易损失太多，也就间接地损失了下次获利的时机，这种损失很难弥补。为了杜绝这种损失的发生，必须坚持这个原则，把损失设定在一定范围内，一旦损失的程度到达止损的范围，不要过多停留，应该立即平仓。

积累经验，吸取教训，不要第二次摔倒

错误和损失的发生是不能改变的，不要过多地自责，学会吸取教训，避免再次犯错，找出损失的原因，成功的机会也就越来越多了。遭受损失应该保持冷静，在损失中不断吸取教训，在教训中逐渐成长起来，假如能够找出每一次损失的原因，就说明离获得利有逐渐益又近了一步，这是因为能够合理地把握趋势了。

经常做交易记录

在投资过程中，记录那些决定交易获利或者损失的因素，从中寻找是什么原因造成了获利和损失，分析这些原因的本质，发现获利和损失的关键是什么。假如在交易过程中是获利的，说明你之前的分析无误，如果这样的因素或者事情再次发生的时候，你做地记录会帮助你作出正确的决定；亏损的交易记录会让你知道下次出现类似的情况该怎么办。你无法把每一次的交易记录在大脑中，书面记录有利于你提升个人的投资能力，认识错误的根源。

保证资金充足

账户上面的金额越少，表示你将会承担更多的风险。在交易过程中应该避免账面金额过少，很少的金额很难承受巨大的损失，哪怕是那些投资老手也有犯错的时候。

战胜自己的心理弱点

在交易过程中自己的弱点是最大的障碍，心理因素会对投资产生极为重要的影响。在交易过程中不要在无谓的交易中煎熬，没有一个明确的标准来限制一定周期范围内要交易多少次，可能两三天的时间做一笔交易，但是这笔交易让你获利了，表示你判断的方向

是正确的，不是错误的。

投资问答录

问：请问专家，在投资外汇过程中，国家是否有政策限制外汇投资?

答：这个问题比较常见，有很多的投资者会担心国家对外汇投资持什么样的态度。近些年来，随着我国外汇水平的逐年增加，国家开始鼓励投资外汇，主张“藏汇于民”。在投资者投资过程中，国家出台了很多的优惠政策，比如降低投资税费，鼓励银行开展多种外汇投资业务等。所以，投资者可以放心地投资外汇业务。

第十章

为你的投资风险上“保险”

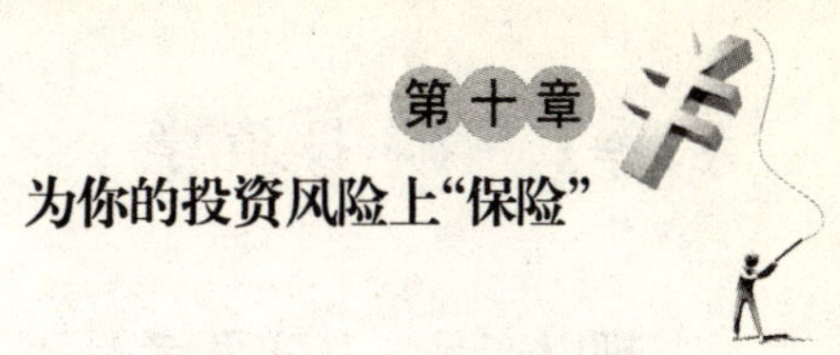

银行也有保险卖

陈先生是一个典型的80后人士，家里有妻子和孩子。

正好赶上月底发薪，陈先生带着工资来到银行，准备进行一项理财投资。在银行工作人员的极力推荐下，陈先生见识到一种投资型的银保产品，不过陈先生对这种产品存在疑问：“银行什么时候开始卖保险了？这买保险也能赚钱吗？”

对于这些疑惑，大家不用头疼，对于如何选择银保产品，理财顾问有几条好的建议。

第一条：银保产品也是一种保险

一般的银保产品都是投资型的保险。这种产品的特点是：保障+预定利率+分红，这也是其最大的卖点。也就是说，购买该产品的人在享受保险保障的时候，还可以得到在保险公司的投资收益。只是长时间的投资期限是好是坏，在结束前无法定论，投资回报率也并非固定的。因此，在选择购买银保产品时一定要多加斟酌，量力而行，购买后最忌讳随意解除合同，否则，自己将承担一定的经济损失。

第二条：银保产品不是银行理财产品

很多人在认识银保产品上存在一个误区，认为银保产品是银行理财产品，其实两者是不一样的。银保产品原本只是保险产品，主要是突出其保障性，其次讲究赢利，本质上和强调获利的银行理财产品是有区别的。在购买起点和产品期限上两者也有很大的不同，银行理财产品通常起点高，期限较短；与之相比，银保产品起步低，数千元或一两万元就可以购买，期限较长，少则三年，多则十几年。最重要的是，银保产品是由保险公司进行销售的，合同上盖的公章和产生的税收也是由保险公司提供的，而不是银行。

第三条：正确合理选择使用银保产品

选择银保产品时要结合自身经济情况。银保产品在缴费期限和保险期间的费用都不一样，起售金额、保险利益也不一样。在购买之前必须向销售人员或通过其他渠道了解该产品的详细情况，避免误会，根据自己的经济实力和理财需求来选择适合自己的银保产品。

投资型保险的“缴费期限”不等于满期时间。好比说一项银保产品的缴费期限只有 8 年，但是这项产品的满期时间有可能到 20 年，或者是终身保险。还有一点，有人会认为给家人买保险谁出钱谁签字就可以了，其实不是这样的，被保险人同样需要签字。最后，在确认购买前一定要仔细阅读合同的各项条款，保护好自己的权益，在购买经过复杂设计的银保产品时，要慎重行事。

投资问答录

问：请问专家，我们能够把银行的银保产品与储蓄同等对待吗？

答：这是绝对不可以的。银保产品的推出是为了理财方式的多样化，扩大银行的业务量，所以，我们在考虑保险的时候，首先考虑的是规避风险的能力，而不是获得多少利益。而我们进行储蓄的目的就是为了获得利益，在进行投资过程中，应该明确区分这些。

保险一定要买

一个事物有没有用，并不在于这件事物的好坏，而是在于对这件事物的需要程度。保险重不重要、有没有用是看我们需不需要。那保险能满足的需求有哪些呢？从大方面来讲，保险对个人而言，主要有以下几个功能：

第一是家庭保障。一般来讲，一个家庭需要一家之主的支撑与照顾，才能让爱人与孩子过上舒适的生活，这样的生活非常美满，因为一家之主就是他们的保险。但是，不管一个人的本事有多大，有两种情况却是控制不了的，一个是伤残，另外一个是意外。假如突然有一天，一家之主出现了意外，不能够再照顾自己的家人，那么对爱人来讲，她不仅仅失去了一个好老公，对孩子来讲，也不仅仅失去了一个好父亲，最重要的是他们失去了这个家庭的稳定支撑，动摇了家庭的根基，这样家人就失去了保障。如果这个男人拥有保险保障，就会使整个家庭在突发的情况之下生活不受影响。

第二是子女教育金。对于现在这个知识化很普遍的社会，拥有知识是非常重要的，假使将来自己的孩子成绩非常好，有能力考上大学，但是由于自身的经济问题导致孩子不能完成大学学业，影响了前途，这是多么可惜的事情啊！一个完善的教育基金计划就是保障小孩在接受高等教育时，有足够的资金帮他完成学业。为了自己孩子的将来，父母应尽早地准备好孩子的学习资金。而合适的保险规划就可以提供一笔资金给孩子完成学业。

第三是养老金。未来会发生什么，人生能够走多远，这都是一个未知数，大多数人的收入会随着经验的增长而增加，但到60岁退休的时候，收入就失去了保障，仅有的一点儿退休金也很难保障日常花销，有的人甚至还没有退休金。我们现在勤勤恳恳的工作，无非是想让自己的晚年过得舒服一些，而退休之后的收入主要来自三方面：首先就是自己的退休金与储蓄；其次就是儿女给的养老金；最后是社会养老保险。而社会保险，远远不能够使我们安享晚年，所以，退休时有笔自己可以支配的钱来安享晚年就很重要。在年轻的时候，我们有工作能力，没有储蓄是可以的，但年纪大了又没有钱，生活就会失去平衡感。一个好的保险规划，就是把自己年轻时候赚的钱存起来，等到自己年纪大了，这笔钱就是老年的生活保障金，大家应该希望退休之后，自己有笔钱可以做自己想做的事。

第四是应急的现金。我们的人生都是从零开始的，但是人生的末端在什么地方，我们不得而知。每个人的人生之路都会有坎坷，总会出现大起大落的时候。在身处顺境的时候，我们的收入也许会好一些，也会有好的投资机会，但是我们在平常的时候没有积蓄的话，也只能让机会白白溜走。然而我们在逆境中的时候，可能由于大病、失业等，需要大笔金钱去应对目前的困难，否则就会变得狼狈不堪。因此，不管在顺境还是逆境时，大家应该都会希望在自己急需用钱的时候，自己能够拿出这笔钱而不用四处筹措此时如果有一个好的保险规划基本上能提供一笔应急的钱，让我们可以把握好机会或者应对困境。

第五是有计划地储蓄。很多人攒钱时都有这样一个习惯，在攒钱的最初，一般都是很积极；但是当钱攒到了一定的程度，由于买车、装修房子、旅行等原因，进而就会花掉很大一部分。然后又重新开始攒钱，然后再花掉。在这样一个循环过程中，你永远也不会攒到钱。而保险是先确定一个目标，然后用完善的计划与充分的时间帮助我们一步步完成。一个合适的保险规划，即使在中途出现了意外，也能确保计划逐步地按时完成，甚至是被保险人不幸身亡了，但是这笔保险金依然会以赔偿金的形式转入到被保险人指定的继承人手里。

第六是财富保全。在保险法及合同法中有明确规定，指定受益人的寿险理赔金具有专属性，不用缴纳税款也不用承担任何的债务。很多人都存在财产纠纷的问题，对于这种问题就可以通过保险将自己的财产转给自己想给的人。我国因遗产问题而导致家庭破裂甚至反目成仇的案例有很多，被非婚生子而抢去遗产的事情也时有发生，而通过保险指定身故受益人就可以很好地解决这一系列问题。

第七是减税与挽留员工。企业通过给员工买保险，一方面可以降低企业的纳税成本；另一方面可以让员工感到自己备受重视，人身安全也有了保障，从而就会更加忠于企业。

保险能够解决这些棘手的问题，对个人的生活是非常有用的。

有些人认为，单位为自己买了保险，那么自己就不用再额外买一份保险了，这样想是不对的。一份工作只是暂时性的，并不是终生的，如果以后遇见更好的工作，或是在机缘巧合之下，开起了自己的公司，或是因为公司人员需要调动，而迫使你必须离开公司，那么公司对你投的保险，就会没有用处了。一个好的保障计划，应该是掌握在自己手里，无论身在何处，其利益都不会受到影响。

人生是多变的，有谁可以保障自己的一生都不会有任何的风险，也不会得什么严重的疾病，更不会受到自然与非自然的危害，大多数人都不能保证这一点，所以，保险一定要买，这样可以给自己和家人一个保障。

投资问答录

问：请问专家，作为理财者在购买保险的时候，哪种保险比较适合？

答：按照理财的标准来说，投资者可以购买储蓄型的保险，这种保险的好处就在于如果不发生意外，保金还能如数退回，还有一定的利息收益，可以说是一举多得。投资者不妨选择这种方法。

选择保险的原则

保险是一种很复杂的金融工具，它结合了理财与保障两种功能。目前处在工薪阶层的人们，也不用将保险想得过于神秘，保险对于我们来说，只是一种人身安全的保障。基于这种目的，在选择保险的时候要注意以下原则：

1. 主次原则

每个人的身边都会有对自己很重要的人，如父母，还有爱人与孩子，而且，每个家庭中还会有个“顶梁柱”，将我们的家庭撑起来。所以，在投保时要根据家人的重要程度排出主次来进行投保。对于老年父母来说，自己的子女是非常重要的；对于年轻的父母来说，是年幼子女最大的保障；对于丁克家庭来说，经济收入高者是另外一个人的保障；如果仅仅是自己，那自己就是自己最大的保障。

2. 趁早原则

从“投机”的角度来讲，保险就是用较少的钱获得很大的利益，从而获取保险公司给予的保险补偿。那么，投保越早，自己的生活就越有保障。就像医疗保险，每一个人都可能会遇到意外、大病、一般疾病的情况，这就是我们生活当中存在的风险，如果投保了医疗保险，既可以对投保人治疗疾病有了一个保障，还可以减轻家庭中的经济负担。

3. 评估原则

有一个小故事可以说明这个原则：一个人和一匹马同样在路上被撞死，马死后，主人可以将马肉卖掉，用来赚钱，但是这个人死后能怎么样，只有让家里人伤心罢了。这样的比喻很残酷，但现实确实如此。若是我们为自己投了保，那情况就会不一样，一旦遇到“意外”，自己的保险金就会给自己的家庭带来保障。

4. “三看”原则

我们在买保险的时候，不能够盲目地买，要看保险公司的实力、看产品细节、看理赔质量。其中，看保险公司的实力就是指这个保险公司有没有能力赔偿保险金，有实力的公司才能保证在发生保险事故的情况下，将保险金能够确确实实地赔到家人的手中；看产品细节是因为不同的保险公司，产品的价格也会有所不同，同样保费的保险，保障的范围、保障的时间会有所不同，投保人一定要看这些细节，才能选择出一家理想的保险公司；理赔质量的好坏则直接反映出一家保险公司的信誉，好的保险公司理赔时既方便又快捷，客户只需要收集全相关材料即可，不好的保险公司则是拖拖拉拉，程序也非常烦琐。买保险的目的就是避免风险，千万不要因为没有选择好保险公司而增加了新的风险。

5. 金字塔原则

至于购买养老保险、子女教育保险以及纯粹的两全分红保险，其目的更多的就是要增值，当然，想让保险增值也是为了自己老了或是出现意外的时候，以及为孩子的学业能够有一定的保障。但是，我们自身财产的增值也不能完全地依赖于保险，而是应该将保险与其他收益更高的理财方式相结合，比如，在投资养老保险时，可以社保打底、商保提升、投资健全，这样就可以形成一个金三角的组合；在投资子女教育保险时，可以储蓄打底、商保提升、投资健全，这同样也是金三角的组合。

投资问答录

问：我是个比较懒的“80后”，如果我要找一个保险代理人帮我打理保险，那我需要注意什么？

答：选择保险代理人时要看他和自己的默契程度怎么样，从某种意义上讲，当保险代理人与客户成为了非常好的朋友时，投保的效果会更好。一个合适的保险代理人能够明白你的意思，知道你需要什么，并且能够成功地掌握你的人生规律。只有对你了解得很充分，才能够从专业角度帮助你做出一份最适合你的保险规划。

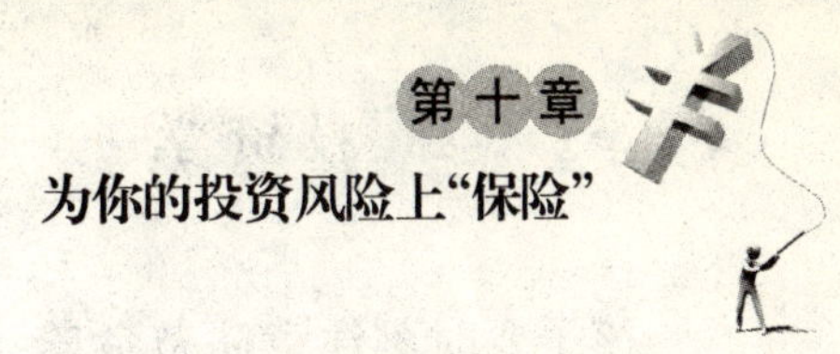

需要给孩子买保险的五个理由

对于一般的家庭来说，孩子就是家庭的全部，家庭的希望，也是这个家庭的未来，给孩子购买适合的保险既是保障，也是很实际的理财方式。而有些家长会觉得孩子很小，买保险是一种浪费的行为，这种想法是不正确的，让我们一起来看看为孩子购买保险的五大理由吧。

第一，降低风险，减小家庭发生经济问题的影响，有效地保障生活的安定。无论是意外死亡还是伤残，对每一个家庭的打击都是十分沉重的，特别是独生子女家庭。若是购买了保险，虽然不能避免意外的发生，但是却能够减低风险，保障家庭生活安定。

第二，为子女成长的不同阶段预先准备教育金。随着子女不断成长，各时期的教育费用也在不断地上升，教育费用的支出越来越大，尽早给孩子投保教育保险，不仅保障了子女的教育金，还保障了子女受教育的机会。

第三，培养子女的保险观念，建立好保险的长期规划。人生的道路上充满了意外与风险，父母就算再怎样努力也不能保护自己的子女一辈子，伴随子女成长的保险在保障子女的同时，也能够提醒孩子要时刻注意防范危险，这样子女既有效地培养了保险观念，也建立了长期购买保险的意识。

第四，让子女有一个良好的价值观，增强子女的责任感。家长可以通过保险定期定额地理财，也应当鼓励子女利用自己的零用钱参与储蓄、投资性保险，这样不仅可以培养孩子的理财能力，更能够让子女有一个良好的价值取向，增强子女的责任感。

第五，向孩子展现家长无私的爱和责任感。对于父母来说，孩子就是生命的延续，每一位父母都会奉献出全部的爱给子女。

但是，家长在为孩子买保险的时候，也要遵循一些原则：首先，保险费用不用很高，一般一个家庭的总体保费支出应该占家庭收入的15%～20%，而孩子的保费支出应为总保费的10%～20%。其次，缴费时期不能太长。因为少儿保险是孩子比较小的时候的保险，等孩子长大后，就会出现适合他自己的保险，因此缴费期限一般情况下越灵活越好。最后，给少年儿童买保险，要根据年龄不同，划分出不同的阶段，对0～6岁的宝宝来说，患病住院的概率较高，所以可以在购买重疾险的同时，在住院、医疗方面也有相应保障。

投资问答录

问：请问专家，给宝宝买保险的时候需要注意的问题有哪些？

答：作为没有行为能力的孩子，家长应该为他们购买的主要险种是医疗险，因为宝宝的抵抗力比较差，无法应对未来的很多疾病风险，所以我们应在宝宝生命健康上考虑，保证孩子的茁壮成长。

小心万能险的五大误区

很多人在投保万能险的时候，常常会出现一些误区。保险专家提醒，市民购买万能险前一定要充分了解这种保险，不要让自己陷入消费误区。

万能险的功能主要有两方面：储蓄投资和保险保障。投保人所交保费通常被分成两部分，一部分用于保险保障；另一部分用于储蓄投资。其中，设置保险保障额度和储蓄投资额度的主动权在客户，客户可以根据时期的不同与需求的不同对这两项进行调整。

那万能险的误区都有哪些呢?

误区一：拿万能险与储蓄作比较

“自从去年年底的发售开始，我们的万能险年收益率一直都维持在3.2%以上，最高达到过3.5%。这就相当于一万元的投资一年下来就能够收益350元，存到银行是不会有这么多的!”“我们的万能险是很方便的，它与银行一样，存取都很方便。公司承诺的保底收益相当于银行一年期存款，但实际上比银行的存款要高出很多。”类似这样的话还有很多，保险公司把万能险说成是“万能法宝”，让万能险和百姓最熟悉的银行存款“挂钩”，这样很容易使人从心理上接受，也是百姓对万能险产生认识误区的源头所在。事实上，万能险作为一种新兴的投资型保险产品，在各国的保险公司里都设立了专门的万能险资金账户，被保险人所交的保费全部存放在专门的账户里，这些保费资金主要投资于国债、大额存款等货币市场工具，投资的收益是有波动的，安全性也不高。而万能险的长期投资性质，更不可能让它担当起储蓄替代品的角色。

误区二：将结算利率视为最终收益

投保人还需要特别注意的是，万能险所公布的结算收益率并不是所交的全部保费的收益率，而是在扣除保障费用、手续费之后进入个人投资账户部分的收益率。这一点往往会成为投保人投保万能险时最大的误区。投保人每次交纳一笔费用，都会被扣除一部分钱用作“初始费用”，这种扣费的制度一般要持续6～10年。目前代理人渠道销售的万能险产品，在最初的三五年扣的费用会很高，以后就会逐渐减少。同时，由于万能险有保障功能，因此还有一部分保费会以“风险保险费”的名义被扣除，只要被保险人的保险额存在，这种扣费制度就会一直持续，直至终身。扣除完种种费用后，才能形成个人账户中的自己的资金，这部分钱保险公司会交给投资部门运作，然后给客户一个投资回报率。

误区三：万能险保障全面

“万能险不仅有投资收益，而且还能有高额和全面的保障。”很多消费者都会被这样的宣传广告所迷惑。目前我国的万能险包括两种，即“万能终身寿险”和“万能两全保险”，有些产品还附赠了“意外死亡双倍/多倍保障”的功能，但这些只有在身亡时才能体现出来。投保者要想获得医疗、健康等全面保障，就要以万能险为主险，并且附加其他保险的方式来完成，而附加保险就需要额外支付保费。所以说，万能险本身的保障并不万能，也可以说是非常简单的一种保险。

误区四：银行代销的万能险由银行负责

投资者通常是很信任银行的，因为他们认为银行背后有国家支撑，所以对银行销售的产品也是十分放心。但是，银行只是一个

“兼职的保险代理人”，并且只是一个代销的渠道，在银行和邮政储蓄网点签的万能险保单，合同另一方仍然是保险公司，而不是银行或邮政储蓄。

误区五：万能险风险低收益高

“我们不仅有2.5%的承诺保底收益，还会有浮动收益和每月的分红给投保人。”很多人听了这样的介绍，都会为之怦然心动。但是，除了我们前面所说的“万能险的结算利率只针对扣除费用后的个人账户部分计算”，万能险的“保底”特征即决定着它不可能步入“高收益一族”。有三类保险是在传统保险产品基础上发展起来的，它们分别是：分红保险、万能保险和投资连接保险。在这三种保险中，只有万能险独具“收益保底”的特征，为了能够给予客户保证“保底收益”的承诺，以及能够得到安全的回报，万能险资金的投资运作者必须加强对风险的管控，资金的运作时也必须稳扎稳打，不可能像投连险那样“激进”，所以收益率不会很高。很多保险专家说过，对于万能寿险来讲，高于保证利率的部分是得不到任何有效的保障的。未来投资市场是不断变化的，而这些变化就有可能使结算利率降低。

投资问答录

问：请问专家，我们可以把保险作为储蓄吗？为什么？

答：在这里首先应该注意的一点是，保险就是保险，不能看作储蓄。储蓄在有急用的情况下可以支取，而保险是不能够取出来的，所以保险的份额不能过大。建议大家不要做高储蓄长时间的保险类型，在购买保险的时候应该根据自身的情况来购买。

职工自愿不参加社会保险不可取

我国在社会保障领域几经改革和发展，出台了《社会保险法》，这是一个重要成果，旨在保障广大劳动者的生活权益，受到人们的高度关注。然而在某些社区进行的社保稽核当中却发现，有些单位的一部分职工愿意参保，一部分不愿意参保，这也成为了单位管理中的一个新问题。

根据某社区社保处工作人员的反映，一些企业的部分员工对参加社保没有一点儿热情，他们不愿意参加社会保险，并表示企业不如将参加社保缴纳的那些费用直接派发给员工，保证不去投诉企业不缴纳社保的行为；另外一家企业更是有一少部分人坚决不参保，企业也没有办法，员工甚至选择和企业签订自愿不参保的协议，不过这个协议不具有任何法律效用，也无法为企业提供法律保护。

为什么这些职工不愿意参保呢？

原因一：参加社保每月扣钱扣得有点儿不够花了，不如不参保，自己用掉比较好。

一位员工算了这样一笔账：每月收入 1400 元，在缴纳社保费用后只剩 1200 元，根本不够支出的，这样来看，不如不缴，还可以多用一点儿钱。

专业人士指出：员工个人在缴纳 8% 的养老金的同时，单位要为员工缴纳 20% 的养老金。根据《社会保险法》第十六条规定：“参

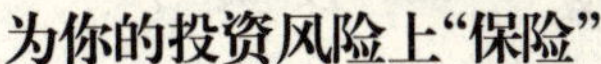

加基本养老保险的个人，达到法定退休年龄时累计缴费满15年的，按月领取基本养老金。参加基本养老保险的个人，达到法定退休年龄时累计缴费不足15年的，可以缴费至满15年，按月领取基本养老金；也可以转入新型农村社会养老保险或者城镇居民社会养老保险，按照国务院规定享受相应的养老保险待遇。"如今，养老金都在逐步提高，养老待遇、医疗待遇在以后将更为完善。人们应该要有长远的眼光，对自己的未来预先计划好。

原因二：担心企业截留职工的社保费。

很多职工都会担心，假如企业把职工缴纳的社保费用代扣了，又不履行职责去帮职工缴纳社保，那如何是好?

经分析，专业人士指出：每年社保机构都会将社保对账单打印出来，上面有每一位参保人员的缴费记录。此外，参保人员也可以持个人身份证到社保机构进行缴费查询。假如所在企业代扣社保金额却不为职工缴纳社保，一经发现，职工可以到社会保险稽查科对其进行投诉，相关工作人员会对企业依法处理，保障职工的权益。

原因三：南来北往，流动人口多，社保难转移。

一些职工还有顾虑，自己是外地人，害怕自己在工作后回到家乡，社保带不走的话就白交了。

经分析，专业人士指出：根据《社会保险法》第十九条规定："个人跨统筹地区就业的，其基本养老保险关系随本人转移，缴费年限累计计算。个人达到法定退休年龄时，基本养老金分段计算、统一支付。"因此，无须为缴纳的社保带不回家乡而担心。

在不久的将来，全体社会公民都可以通过社保制度得到基本的生活保障。养儿防老的传统观念将被社保制度的新观念所替代，这样符合社会发展的趋势。企业帮员工参保不只是对员工负责，也是对企业自身负责，这样可以留住人才，为企业继续向前发展打下坚实的基础。

投资问答录

问：请问专家，我们所在的企业没有为员工参加社会保险，企业的做法合法吗？

答：这种做法显然是不合法的。为了保证劳动者的各项权利，企业应该按照有关规定为职工上社会保险，这也是企业的基本义务。如果在签订劳动合同的时候，没有把保险放在合同内，如果出现意外，职工可以申请劳动仲裁，用法律的武器保证自身合法权益不受侵犯。

买保险时应该优先考虑“顶梁柱”

在一个三口之家，为谁买保险更合理呢？丈夫会说，应该给妻子、孩子买，她们出的状况多；妈妈会说，当然是给孩子买了，他是未来的希望。没有错，妻子和孩子都应该上保险，但是最应该上保险的，却并不是因为她是女性或者他是个孩子，而应该是家庭收入的主要来源者。也就是说，谁是家庭收入的主要来源者，谁就更应该买一份保险。

为什么这么说？道理很简单，既然他是家庭生活的主要来源者，如果他出现了意外或者是风险，家庭的主要收入就会中断，严重的可能让生活无法维持下去。因此，最应该受到保护的应该是家庭收入的主要贡献者。

张先生这几年一直在做家具生意，年收入80万元以上，妻子以前在一家公司上班，两人有一个女儿，生活非常美满。后来，妻子辞职在家，专心做了全职太太，负责照顾孩子和丈夫。

张先生有朋友是做保险业务的，推荐了几种适合张先生一家人的保险让张先生购买，他爽快地答应了。但他并没有将朋友帮他设计的一份180万元的寿险计划放在心上，他想：我现在收入稳定，还是先考虑孩子和妻子。就这样，张先生为妻子上了一份重大疾病险和养老险，为女儿上了一份教育险，每年的保费约6万元。

真是世事难以预料，一年后的某一天，张先生开车出了车祸，当场死亡。不幸的消息传来，妻子悲痛欲绝。

除了车祸的意外赔偿，张先生身后没有得到任何赔偿。他的突然离去，给家庭造成了非常沉重的打击。所谓世态炎凉，很多欠债的朋友不知所踪，而很多债主上门讨债。最后，张先生的妻子不得不卖掉房子，才勉强还债。从富裕到贫穷，张太太的生活几乎崩溃了。生活贫穷困苦，就连丈夫给她们买的保险也无法完成。

张先生的家庭悲剧谁也不愿意看到，但在现实生活中，许多家庭都可能出现这种情况，所以提醒想买保险的朋友，不管在什么情况下，别忘了给家里的“顶梁柱”买一份保险。因为，他们承担着家庭的主要经济来源，也承载着家里所有的希望。

投资问答录

问：专家您好，在投保重大疾病险时请问趸交和期交相比，哪种方式比较好？

答：从理财的角度来看，在投重大疾病险的时候，比较适合交费期长的交费方式。一是因为交费期长，虽然总额数目较多，但是每次缴费比较少，家庭的负担比较小，加上利息等因素，实际的付出不一定比一次缴清的费用多。二是因为不少保险公司规定，若重大疾病保险金的给付发生在交费期内，从给付之日起，免交以后各期保险费，保险合同继续有效。这就是说，如果被保险人选择10年缴，交费第二年患重大疾病，保险金也拿到了，而实际保费只付了五分之一；若是20年缴，保险金拿到了，而保费只支付很少的一部分。从这两个角度来说，期交相对划算一些。

保险的“等待期”与“犹豫期”解析

保险的等待期叫免责期或观察期，是健康类保险的一种独特方式。也可以说是指健康保险中由于疾病、生育及其导致的病、残、亡发生后到保险金给付之前的一段时间。健康保险的保险合同在“保险金的申请和给付”条款中一般都要附加上“等待期”这一约定，时间有长有短，长有90日，短只有3~5日。一般来说，疾病保险大保单中都明确规定，被保险人自患病之日起，直到约定的等待期间届满以前，不能从保险人处获得任何给付。

举例说明：张某某购买了一份住院健康保险。根据保险公司的保险合同规定，免责等待期，一年期住院健康险为30天，重疾险为90天。这就意味着张某某购买此款保险后因疾病30天以内住院，是不受保险保障的，无法获得赔偿。而如果90天内患了重大疾病，也无法得到赔偿。

特别注意的是，保险公司不同，其免责期的期限规定也是不一样的，最长和最短的期限有可能相差几倍。

我们可以设想一下，如果你手上有两份健康保险可以供您选择，一份的免责期为30天，一份为60天，那么您选择哪个呢？一般来说肯定选择30天的更为划算，特别是那些只保障一年的健康类保险，相当于您的实际保障期限前者为11个月，后者为10个月。

我们要活用免责期规定，购买免责期最短的健康险。同时免责期内保险事故是不赔偿的，因此对于健康险来说，早投保比晚投保好，身体健康的时候投保比身体不健康的时候投保更有意义。

如果你不按时交纳保费，一般超过60天的免责期后，保险合同会中止，此时你可以选择在两年内，补交保费来重新恢复保险效力。但是对于健康保险来说，是非常不划算的事情，因为即使您复效了，免责期也会重新计算。

举个例子：李泽3年前购买了一份终身重大疾病保险，免责期为1年。但是最近因为资金紧张，60天没有交纳保费，保险合同中止了。后来又补交了保费，合同重新开始生效。但是，李泽在3个月后，确诊得了重大疾病，向保险公司要求赔偿，结果保险公司拒赔。保险公司的理由是：如果李泽复效的话，免责期重新开始计算，李泽还需要再过一年才能真正享受到重大疾病的保险保障，即使在之前李泽已经经历过了免责期。

通过上面这个例子，投保健康类保险，尽量不要延迟交保费导致保险合同中止需要复效，否则就会影响您的保障权益。

根据我国保险法规定，投保人在购买保险后，有10日的犹豫期。在犹豫期内，如果投保人认为该保险合同与投保人的需求不符合，可以解除合同，全额退保。保险公司一般最多只收取工本费。换句话说，犹豫期是给予投保人再决定和免责撤销的权利。要强调的是，如果过了犹豫期退保，保险公司一般会按照正常的保单计算第一年现金价值，就会对投保人造成一定损失。

我们可以举一个直观的例子，假如你购买了一份住院健康类保险，每年缴纳1000元保费，等你拿到保险合同后，跟朋友仔细看了合同条款后，发现很多地方的报销是和已经有的社保冲突的，认为不是很划算，于是想退保。如果你在10日内退保了，保险公司会全额返还你1000元；而如果你超过10日后才退保，保险公司只会返还你400元左右的现金，两者相差将近600元。

由此可见，投保人一定要充分重视犹豫期，想退保就要尽快，否则就会给自己造成一定损失。另外，在犹豫期里，我们也要仔细研究保险合同条款，判断是否有不相符的情况而需要退保。犹豫期条款的设定，充分保证了投保人的权利，可以让我们在挑选保险产品时更有余地，挑错了也不要紧，10天内赶紧退保就行！

投资问答录

问：我一个月前买了泰康两份健康保险，然后就出差了，到现在保险合同还未拿到手，请问我现在10天的犹豫期过了没有？

答：犹豫期还没有过。因为你一直出差在外，造成保单不能送到，投保人没有在保单回执上签字，所以不能开始计算犹豫期。犹豫期是指自投保人签收保单回执的次日起10日内。

买寿险三大细节需注意，七大特权要牢记

近几年，随着人们保险意识的增强，很多人开始关注人寿保险，有些人更把它当成自己和家人发生“意外”后的有力保障。但其实很多人并不完全了解寿险的相关知识，以致“意外”发生后，理赔结果与自己设想的结果不一样。

第一个细节：一定要搞清楚究竟买的是什么保险

保险公司的工作人员向投保人推荐寿险产品时，一般都用一种比较隐晦或委婉的说法，例如用“退休养老保障”、“保障抵押专属产品”或“避税理财产品”等词汇来加以“精心”包装。作为投保人，尤其是年轻人，一定不要被包装后的寿险产品迷惑，在购买人寿保险前一定要了解相关知识，搞清楚这种保险产品究竟是什么，是否适合自己。

第二个细节：别轻信保险人员许诺的保险红利预期收入

当前，为了激发潜在投保人的投保热情，很多保险公司过高估计分红型寿险产品的预期收益。事实上，分红型寿险的分红与保险公司的经营状况是密切相连的，如果保险公司在经营分红型寿险产品时出现亏损，那“红”肯定就没得分了。所以，保险公司对分红型寿险产品的预期收益“分红”只是它们的一种销售手段，而不是实际情况。

第三个细节：缴费后一定要索取保险公司的正规缴费收据

投保人缴费后，一定要向对方要正规的收据。只有正规的收据才能说明这是保险公司的行为，而不是银行或保险公司营销人员个人的行为。如果不是正规的保费缴费凭证，而是一些没有编号的收据，假如投保人出险后，可能就会给自己带来麻烦，或者无法保障自己的权益。

第一个特权：签收保单之次日起的10日撤单权

自投保人签收保险合同之日起10日内为犹豫期，在此期间内撤销保险合同，保险公司将全部退还所收的保险费，超过此期限，按保险条款的有关退保规定办理。

第二个特权：保险合同内容变更权

保险购买人与保险公司签订合同后，如仍有其他变更事项，可依据新《保险法》第二十条进行变更，此条规定：投保人和保险人可以协商变更合同内容。变更保险合同的，应当由保险人在保险单或者其他保险凭证上批注或者附贴批单，或者由投保人和保险人订立变更的书面协议。

第三个特权：转让保险合同项下受益权

根据新《保险法》第四十二条规定，被保险人死亡后，有规定情形之一的，保险金作为被保险人的遗产，由保险人依照《中华人民共和国继承法》的规定履行给付保险金的义务。依据新《保险法》第四十条规定：被保险人或者投保人可以指定一人或者数人为受益人。受益人为数人的，被保险人或者投保人可以确定受益顺序和受益份额；未确定受益份额的，受益人按照相等份额享有受益权。

第四个特权：解除合同权

依据新《保险法》第十五条规定，除本法另有规定或保险合同另有约定外，保险合同成立后，投保人可以解除保险合同。对于投保人，如若解除保险合同，在解除保险合同前，一定要慎重考虑，以用足保险合同的附加功能为前提，如“保单质押贷款”功能等，没有特殊情况一般不要轻易解除合同，否则就会带来资金的损失。

第五个特权：责任免除条款的知情权

依据新《保险法》第十七条规定，订立保险合同，采用保险人提供的格式条款的，保险人向投保人提供的投保单应当附格式条款，保险人应当向投保人说明合同的内容。对保险合同中免除保险人责任的条款，保险人在订立合同时应当在投保单、保险单或者其他保险凭证上作出足以引起投保人注意的提示，并对该条款的内容以书面或者口头形式向投保人作出明确说明；未作提示或者明确说明的，该条款不产生效力。

第六个特权：恢复保险合同效力权

新《保险法》第三十六条规定合同约定分期支付保险费，投保人支付首期保险费后，除合同另有约定外，投保人自保险人催告之日起超过30日未支付当期保险费，或者超过约定的期限60日未支付当期保险费的，合同效力中止，或者由保险人按照合同约定的条件减少保险金额。被保险人在前款规定期限内发生保险事故的，保险人应当按照合同约定给付保险金，但可以扣减欠交的保险费。第三十七条规定作了补充，合同效力依照本法第三十六条规定中止的，经保险人与投保人协商并达成协议，在投保人补交保险费后，合同效力恢复。但是，自合同效力中止之日起满两年双方未达成协议的，保险人有权解除合同。

第七个特权：及时理赔权

新《保险法》第二十三条规定，保险人收到被保险人或者受益人的赔偿或者给付保险金的请求后，应当及时作出核定。保险合同对赔偿或者给付保险金的期限有约定的，保险人应当按照约定履行赔偿或者给付保险金义务。保险人未及时履行前款规定义务的，除支付保险金外，应当赔偿被保险人或者受益人因此受到的损失。

投资问答录

问：投保人买了保险后，要履行哪些主要义务，才能更好地保障自己的权利呢？

答：买保险时，为了将来减少纠纷，投保人必须了解并履行自己的义务，这样才能充分地保证自己的权利得以实现。

1. 真实情况不隐瞒

订立保险合同时，投保人必须把保险标的的有关情况如实向保险人陈述、申报和声明。如隐瞒不报，发生保险事故时保险人可不予赔偿或解除合同。

2. 如约缴纳保费

投保人与保险人签订了保险合同，就要按照约定的时间、地点、方式向保险人缴纳保费，如果违约，保险人就可以终止合同。

3. 危险增加要通知

如果保险合同当事人在缔约时预料的保险标的的危险在合同有效期内增加，被保险人应当及时通知保险人；保险人有权根据增加的危险增加保费或解除合同。如果被保险人明知危险增加却不通知保险人，因危险增加而发生事故，保险人有权不赔。

4. 保险事故要通知

保险事故一旦发生，投保人、被保险人或者受益人应当及时通知保险人，以便保险人迅速调查事实真相，收取证据，及时处理。

5. 遇有危险要施救

被保险人要遵守国家有关消防、安全、生产操作、劳动保护等方面的规定，维护保险标的安全，并根据保险人的建议改进安全维护工作。发生保险事故时，被保险人有义务尽力采取必要措施，防止或减少保险标的的损失。

6. 有关材料要提供

保险事故发生后，投保人、被保险人、受益人应当尽力向保险人提供与确认保险事故原因、性质等有关的材料。